Daniel Meurois

Les maladies karmiques

*les reconnaître, les comprendre,
les dépasser*

Éditions Le Passe-Monde
Québec

De Daniel Meurois et Marie Johanne Croteau, aux Éditions Le Passe-Monde

LE GRAND LIVRE DES THÉRAPIES ESSÉNIENNES ET ÉGYPTIENNES

De Marie Johanne Croteau, aux Éditions Le Passe-Monde

LE PORTAIL DES ELFES… *souvenirs d'ailleurs*

De Daniel Meurois, aux Éditions Le Passe-Monde

LE LIVRE SECRET DE JESHUA… *la vie cachée de Jésus selon la Mémoire du Temps*
LES 108 PAROLES DU CHRIST… *108 perles de sagesse pour le temps présent*
ADVAÏTA… *libérer le Divin en soi*
LE TESTAMENT DES TROIS MARIE… *trois femmes, trois initiations*
IL Y A DE NOMBREUSES DEMEURES… *à la découverte des univers parallèles*
LES ANNALES AKASHIQUES … *Portail des mémoires d'éternité*
CE QU'ILS M'ONT DIT … *Messages cueillis et recueillis*
FRANÇOIS DES OISEAUX … *Le secret d'Assise*
LA MÉTHODE DU MAÎTRE … *Huit exercices pour la purification des chakras*
AINSI SOIGNAIENT-ILS … *Des Égyptiens aux Esséniens…*
COMMENT DIEU DEVINT DIEU … *Une biographie collective*
LA DEMEURE DU RAYONNANT … *Mémoires égyptiennes*
VU D'EN HAUT … *Rencontre avec la Fraternité galactique*
LE NON DÉSIRÉ … *Rencontre avec l'enfant qui n'a pas pu venir*
VISIONS ESSÉNIENNES … *Dans deux fois mille ans…*
L'ÉVANGILE DE MARIE-MADELEINE … *Selon le Livre du Temps*
LOUIS DU DÉSERT - *Tome 1 … Le destin secret de Saint Louis*
LOUIS DU DÉSERT - *Tome 2 … Le voyage intérieur*
LE VOYAGE À SHAMBHALLA … *Le message des Maîtres réalisés à notre humanité*
CE CLOU QUE J'AI ENFONCÉ … *À la reconquête de l'estime de soi*
LES ENSEIGNEMENTS PREMIERS DU CHRIST … *À la recherche de Celui qui a tout changé*

De Daniel Meurois en collaboration avec Anne Givaudan, aux Éditions Le Passe-Monde

DE MÉMOIRE D'ESSÉNIEN … *L'autre visage de Jésus*
CHEMINS DE CE TEMPS-LÀ … *De mémoire d'Essénien tome 2*
RÉCITS D'UN VOYAGEUR DE L'ASTRAL … *Le corps hors du corps…*
WESAK … *L'heure de la réconciliation*
LES ROBES DE LUMIÈRE … *Lecture d'aura et soins par l'Esprit*

Des mêmes auteurs, aux Éditions S.O.I.S.

TERRE D'ÉMERAUDE … *Témoignages d'outre-corps*
PAR L'ESPRIT DU SOLEIL
LES NEUF MARCHES … *Histoire de naître et de renaître*
CHRONIQUE D'UN DÉPART … *Afin de guider ceux qui nous quittent*
CELUI QUI VIENT
SOIS … *Pratiques pour être et agir*
UN PAS VERS SOI … *Sereine Lumière*

Éditions le Passe-Monde
C.P. 1002, 1015 Bd du Lac. Lac-Beauport, (QC) Canada G3B 0A0
passe-monde@ccapcable.com   www.danielmeurois.com
https://www.facebook.com/DanielMeurois

Bandeau de couverture : Adaptation d'une œuvre de Claude Selva : Le mariage du Ciel et de l'Enfer. www.art-numeric.fr
Infographie de couverture : Typoscript, Montréal Saisie informatique du texte : Lucie Bellemare
©Le Passe-Monde, 4e trimestre 2009 ©Le Perséa 1999
Tous droits réservés pour tous pays   ISBN : 978-2-923647-11-1   Imprimé au Canada

À tous ceux et à toutes celles qui,
en marge des idées reçues,
ont l'audace de se poser de vraies questions.

À toutes celles et à tous ceux qui,
en silence,
défrichent la conscience et l'évidence de demain.

Aux Aimants, enfin,
qui acceptent de dépasser le verbe savoir.

Avant toute chose...

Depuis une bonne vingtaine d'années beaucoup d'études ont été menées relativement à la nature énergétique du corps humain. Conformément à certaines traditions, pour la plupart issues de l'Orient ou alors en marge de celles-ci, de nombreux chercheurs, thérapeutes, écrivains ou compilateurs se sont donc appliqués à explorer la structure subtile de notre être.

À vrai dire, il était plus que temps que notre Occident, bloqué par une approche de la vie somme toute très monolithique, manifeste un début d'ouverture face à des concepts et à des réalités qui ne sont pas directement accessibles à nos seuls cinq sens.

Contrairement à l'opinion générale admise, une telle amorce d'ouverture, lorsqu'elle est menée de façon équilibrée, ne sous-entend absolument pas une plongée dans l'irrationnel. Elle fait même appel à la raison. Je dirais aussi qu'elle requiert d'abord du *bon sens*, celui qui devrait nous empêcher de nous cramponner à des dogmes et à une vision finie de nous-mêmes puis de ce qui nous entoure. À notre époque, où il devient de plus en plus banal de vivre parmi les ondes, de côtoyer les hologrammes, de jongler avec les mondes virtuels et de parler de cyberes-paces, il n'est en effet plus logique et guère davantage rationnel de ne concevoir l'être humain que comme le fruit de quelques combinaisons chimiques et d'influx élec-triques dûs à un coup de maître du hasard.

Quant à moi, ce ne sont pas des études au sens clas-sique du terme qui m'ont fait me pencher sur le domaine qui constitue l'essence de ce livre. C'est une multitude d'observations "sur le vif" suivies de leurs rapproche-ments.

Si j'ai été amené à me préoccuper de la nature subtile du corps humain et, par voie de conséquence, d'une ap-proche non conventionnelle de sa santé, c'est parce que la vie m'y poussait. De quelle façon ? En me dotant depuis l'enfance de la capacité de voir les auras, c'est-à-dire en m'offrant une *prise directe et concrète avec l'abstrait*.

Lorsqu'au long de cet ouvrage, je vous entretiendrai des corps subtils, je ne vous parlerai donc pas de philo-sophie ni de théories. Je ferai uniquement référence à mon vécu.

Au fil des années, je n'ai cessé de constater que l'être humain est avant tout une mémoire. Une mémoire qui ne se manifeste pas simplement au niveau de la conscience mais qui imprègne toutes les couches de sa réalité jus-qu'au coeur de la cellule. Une mémoire aussi qui transcende le temps, qui en permet une autre compréhen-sion. Plus exactement enfin, une mémoire qui ne se limite pas à l'espace bien circonscrit d'une vie, mais qui se ré-percute possiblement d'une existence à une autre.

D'observations en observations, les évidences ont fini par s'imposer à moi. Celle, tout d'abord, que l'âme hu-maine ne connaît pas qu'une seule existence dans un corps mais s'incarne un grand nombre de fois. Celle, en-suite, que cette âme transporte avec elle, bien qu'incon-sciemment, ses souvenirs, c'est-à-dire ses capacités et ses handicaps. Ce sont ces derniers qui peuvent être à l'origi-ne de certains grands troubles de la santé et que l'on ap-pelle "maladies karmiques". Les pages qui suivent pré-supposent toutes, de ce fait, la réalité de la réincarnation.

Les pénétrer demandera donc au lecteur d'accepter, dès le départ, le postulat des vies antérieures ou, tout au moins, d'y être ouvert.

Vous le constaterez, mon but n'est pas d'y prouver quoi que ce soit ni d'y prêcher une quelconque doctrine. Simplement, j'y témoigne de cas marquants et significa-tifs, tous authentiques, qui sont susceptibles d'amener des réflexions et des prises de conscience.

Les maladies karmiques ne s'adresse certainement pas davantage à des convaincus qu'à des sceptiques. Il s'agit d'abord d'un livre à lire avec la tête et le coeur en accep-tant d'éliminer le maximum d'a priori puis d'accumuler les pourquoi pas ? C'est, en résumé, un outil de matura-tion et de réflexion. Un instrument tout autant pour les thérapeutes que pour ceux qui souffrent d'un trouble inex-plicable ou profond… et qui cherchent à comprendre.

Je l'ai voulu simple et abondamment parsemé d'exemples afin que ce voyage dans les profondeurs et sur les cimes auxquelles il vous convie soit des plus agréa-bles… donc des plus enrichissants.

Chapitre I

Premières approches

Cathy venait juste de franchir la porte de ma salle de travail. La quarantaine, très soignée de sa personne, elle laissait néanmoins percer, dans la profondeur de son regard, une forme de tristesse ou de lassitude. C'était la première fois que nous nous rencontrions. Je ne savais rien d'elle en dehors de ce qu'elle avait tenu à me confier par lettre.

« *Depuis ma vingtième année, m'avait-elle écrit, je souffre de terribles crises d'asthme. Hormis de courtes périodes de répit, ma vie a toujours été ponctuée par les manifestations régulières de cette maladie. Rien n'y fait. Comme vous vous en doutez, j'ai tout tenté, j'ai goûté à tous les produits, à toutes les cures. Bien sûr, il y a eu des moments d'accalmie, d'amélioration même, au cours desquels j'ai cru pouvoir m'en sortir mais, invariablement, les crises ont réapparu et je me retrouve aujourd'hui au même point.* »

L'histoire de Cathy, tout au moins dans ce que j'en savais, était classique : un emploi de secrétaire de direction dans une petite société, un mari avec lequel elle disait être heureuse et trois enfants dont un entrait à l'Université. Beaucoup moins classique était cependant cette démarche qui l'amenait vers moi. Ouverte à l'idée que l'être humain est beaucoup plus que ce que la biologie et ses microscopes mettent en évidence, elle en était venue à me demander une lecture de son aura, ultime démarche, me disait-elle, dans ses tentatives de recouvrer la santé. Au-delà même d'espérer encore retrouver une vie normale, c'est-à-dire loin des urgences des hôpitaux et des pompes à cortisone, elle voulait tout au moins comprendre, autant que cela se pouvait, le pourquoi de ce handicap.

La lecture d'aura prévue débuta donc de façon conventionnelle[1]. À l'aide d'un variateur de lumière, je fis la pénombre et Cathy alla se placer face à moi, le dos à un mur blanc. Cependant, au bout de quelques minutes consacrées à la perception et à l'étude des premières radiations ou manifestations lumineuses de son corps, mon travail changea complètement d'orientation. Ce n'était plus les réseaux d'énergie subtile parcourant les diverses couches de son aura qui voulaient s'exprimer.

La silhouette de Cathy s'effaça de mon champ de vision. Un grand voile de lumière blanche, semblable à un écran laiteux s'était spontanément substitué à elle en une fraction de seconde, estompant du même coup le cadre de ma salle de travail. Sachant ce que cela laissait augurer,

---

[1] Voir "Les Robes de Lumière" de A. et D. Meurois-Givaudan. Ed. Amrita.

12

je m'abandonnai à cet état de fait. Sur l'écran laiteux, une scène apparut bien vite, une scène en mouvement, en couleurs, en sons, en reliefs. Tout mon être se trouvait projeté non seulement dans un décor, mais dans une action.

Le ciel était blanc, il faisait humide et "nous" étions dans une grande cour semblable à celle d'une usine désaffectée. À l'une de ses extrémités, il y avait des petits bâtiments en briques recouverts de tôles. Sur le sol, c'était de la boue. Des flaques d'eau partout... Il y avait beaucoup de femmes dans cette cour. Elles marchaient, ou plutôt se traînaient en rangs vers je ne savais quoi sous la garde de quelques soldats, mitraillettes au poing. L'atmosphère était épouvantable et j'ai tout de suite compris dans quel terrible passé ma vision m'entraînait.

D'autres scènes se succédèrent ensuite, à peu près toutes semblables. Tantôt mon regard me paraissait être extérieur à la scène, tel celui d'une caméra impersonnelle, tantôt il était celui d'une jeune femme dans la vingtaine, totalement épuisée. Je *savais* qu'il était celui d'une jeune femme. Je n'aurais pu dire pourquoi mais c'était une certitude gravée au fond de moi.

Enfin, le décor changea radicalement. Les femmes, qu'on finissait de faire dévêtir, étaient poussées à l'intérieur d'une pièce. Ma "caméra" était parmi elles, concernée par ce qu'elles vivaient, percevant leur humiliation, leur froid, leur angoisse. Des soldats crièrent, on ferma les portes, puis d'autres encore derrière celles-ci. C'était l'obscurité totale et quelques femmes se mirent à hurler lorsque des souffles semblables à de petits sifflements se firent entendre. Le gaz...

Je n'ai pu décrire la suite à Cathy. La terreur, les corps qui se débattaient en vain, l'étouffement. C'était trop. Brusquement, le voile qui servait d'écran à cette sinistre projection s'est comme désagrégé. Cathy se tenait à nouveau face à moi. Elle avait les yeux fermés et de grosses larmes roulaient sur ses joues. La lecture d'aura était terminée. Il fallait maintenant rassembler tous les morceaux du puzzle, les comprendre puis… les digérer. Nous discutâmes pendant une petite heure.

Je me souviens encore de la première question qui m'a été posée : « Pourquoi toute cette émotion ? Pourquoi ces larmes ? Je ne suis pas triste mais quelque chose en moi est bouleversé… »

L'explication était simple : j'avais tout simplement plongé dans la mémoire profonde de Cathy. J'avais eu accès à un des souvenirs de sa *mémoire causale*, j'avais ramené à sa conscience les images douloureuses et déterminantes de l'une de ses existences antérieures, en l'occurrence la dernière, dans un camp d'extermination. Elle avait connu, de toute évidence, une fin tragique dans une chambre à gaz tandis qu'elle était encore une jeune femme. Bien sûr, elle ne gardait aucun souvenir conscient de cela mais son âme, quant à elle, n'avait pas oublié. C'était elle qui avait communiqué aux cellules de son présent corps la *mémoire de l'étouffement*. Une mémoire qui s'était traduite par un asthme aussi tenace que l'était en elle le souvenir enfoui et paniquant de l'asphyxie, une mémoire qui avait été stimulée, comme par hasard, par l'arrivée de sa vingtième année.

Le scénario qui, de mon poste d'observation, était déjà clair, le devint davantage encore lorsque Cathy me parla plus en détails de sa vie : son mari était d'origine germanique et elle l'avait précisément rencontré à l'époque où débutèrent ses premières crises d'asthme. Ses parents, quant à elle, étaient polonais... et de religion juive, religion que, me dit-elle, elle refusa de continuer à pratiquer... toujours vers le même âge !

L'enchaînement des causes et des effets parlait de lui-même. Les peurs contenues dans sa mémoire profonde avaient trouvé une façon de s'exprimer. L'asthme était leur interprète, leur cri d'alarme en même temps qu'une sorte de soupape de sécurité de l'organisme.

Six mois plus tard, je reçus une lettre de Cathy. Elle me confia que, dans les jours qui suivirent notre rencontre, elle avait beaucoup pleuré sans douleur consciente ni raison apparente. Selon ses termes, c'était comme si une grande poche de larmes réprimées avait été percée en elle et avait demandé à être vidée jusqu'au bout. Depuis, elle n'avait plus eu une seule crise d'asthme, chose qui ne lui était jamais arrivée auparavant pendant une aussi longue période.

Quelques années se sont maintenant écoulées et j'ai revu Cathy au hasard d'un déplacement... Elle est en parfaite santé.

Si j'ai choisi de commencer à illustrer mon propos par cet exemple, c'est précisément parce que le cas de Cathy est particulièrement représentatif de ce que l'on peut appeler, sans hésiter, un cas de *maladie karmique* et de la façon dont on peut agir face à lui. Il s'agit d'un exemple tellement typique qu'il en est presque caricatural. Tous les ingrédients se trouvent en effet réunis : le trouble de santé dont on ne vient pas à bout et qui débute apparemment sans raison à une époque précise, la mise en évidence d'une mémoire profonde, un *abcès émotionnel enfoui* qui, une fois incisé, laisse échapper des larmes incoercibles, la mise en évidence, également, d'éléments de la vie présente qui rappellent certaines particularités de l'autre. Enfin, une guérison qui semble pouvoir être attribuée au dépassement ou à la dissolution du traumatisme inconscient.

Cela dit, c'est souvent par le typique et, à l'extrême, le caricatural, que l'analyse puis la compréhension d'un phénomène font le plus de progrès.

Des cas comme celui de Cathy, il en existe, bien sûr, des milliers et des milliers. Vous en trouverez quelques-uns cités en référence dans cet ouvrage, ceci afin de mieux pénétrer les mécanismes subtils de l'un des aspects du *karma* et des mémoires cellulaires.

Tout en prenant bien garde de ne rien schématiser, systématiser ou généraliser, il me semble en effet grand temps de parler ouvertement de la question, c'est-à-dire de la façon la plus explicite et la plus concrète possible... même si cela représente un défi dans un domaine qui demeure intangible, sujet à interprétations multiples et, disons-le aussi, sujet à divagations.

À la découverte d'une notion

Mes premières pratiques régulières de la lecture d'aura ainsi que mes études systématiques des différentes manifestations de l'aura humaine datent maintenant de plus d'un quart de siècle. Durant les quatre ou cinq années qui ont constitué mon auto-apprentissage, la présence dans notre vie humaine de ce que l'on appelle *la dimension causale* faisait davantage référence, pour moi, à un concept plutôt qu'à une réalité accessible. Par *dimension cau-*

16

sale, j'entends l'ensemble des lois qui font appel à la notion de vie antérieure, c'est-à-dire à un bagage habitant notre mémoire profonde et dont les effets se prolongent, d'existence en existence. En langage moderne, on pourrait dire qu'un tel bagage représente la *banque de données* totale de l'être depuis que le Souffle de vie lui a été offert, au début des Temps. On a beau être en accord avec cette approche des choses, elle ne reste qu'un principe ou une théorie tant que l'on n'a pas vécu soi-même un événement dans ce domaine.

Mes premières perceptions dans le monde de l'aura causale ne se sont manifestées que lorsque mon approche des trois auras de base - éthérique, émotionnelle et mentale[1] - a été suffisamment maîtrisée.

À force de pratiques, mon champ de vision s'est alors élargi jusqu'à la découverte d'une émanation lumineuse bien particulière et nettement perceptible autour du corps humain, à environ un mètre quatre-vingts de celui-ci. Très rapidement, je me suis aperçu que cette émanation s'étendait jusqu'à à peu près trois mètres du corps et qu'elle avait globalement l'apparence d'un trapèze, petit côté vers le bas, surmonté d'une sphère. J'ai constaté également que la perception de ce grand halo géométrique se trouvait considérablement facilitée par le fait de fixer le regard au centre de la poitrine de la personne se prêtant à l'expérience.

Ma vision de l'aura causale aurait pu en rester là - ce qui se passe d'ailleurs pour la majorité de ceux qui en distinguent les contours - sans la multiplication spontanée

---

[1] Voir les pages en annexe, en fin d'ouvrage.

d'un certain nombre d'images qui m'ont donné rapidement à réfléchir à la question. En effet, à quoi pouvait bien servir la perception du rayonnement causal si celui-ci ne menait pas à une dimension différente de l'être ? Son rayonnement d'un blanc laiteux et dépourvu de signes, ne pouvait, à lui seul, être d'aucune utilité.

Premières expériences

Ma première incursion au coeur de la réalité que recouvre l'aura causale s'est faite face à une personne souffrant de violents maux de nuque. Aucune des auras de base perçues ne semblait vouloir fournir d'explication satisfaisante. Il y avait donc *autre chose, ailleurs*, qu'il fallait investiguer. Or, investiguer, en matière de lecture de l'aura, cela signifie toujours "lâcher davantage prise", abandonner plus encore toute volonté personnelle de voir et de comprendre coûte que coûte.

C'était un homme qui souffrait de la nuque, et cela depuis des années. Il se tenait à environ quatre mètres de moi lorsque m'apparut son rayonnement causal. Très rapidement et tandis que mon regard ne se détachait pas du centre de sa cage thoracique, la surface de son aura se mit comme à ondoyer. Elle était parcourue de vaguelettes lentes, des vaguelettes qui, bientôt, se transformèrent en frissons beaucoup plus rapides. Au bout de quelques instants, je n'ai plus eu, face à moi, que quelque chose faisant songer à un grand rideau blanc. Ce dernier se déchira alors par le centre et c'est ainsi que commença ma première véritable lecture d'une mémoire passée. Elle révéla la fin tragique d'un homme montant sur l'échafaud lors d'une exécution publique pendant la Révolution française.

Scène pénible évidemment mais que je parvins, malgré tout, à décrire "en direct" à la personne concernée. Il y avait, d'emblée, une corrélation à établir entre les douleurs à la nuque et la décapitation dont la mémoire, secrètement emmagasinée, venait de s'exprimer.

Un des cas les plus marquants de ces années de découverte fut celui d'une femme qui s'interrogeait sur l'origine de sa peur maladive du feu. La personne en question présentait, en outre, ce qu'il est convenu d'appeler une "tache de vin" sur l'une de ses tempes. Là aussi, c'est l'aura causale qui se mit à parler. À l'aide d'un grand nombre de scènes, elle raconta l'histoire, vieille de plusieurs siècles, d'une femme d'origine mongole, régulièrement battue par un mari alcoolique. Dans une dispute plus violente que les autres, celui-ci, après avoir mis le feu à leur cabane, avait fini par la brûler profondément à la tempe avec le morceau de bois encore enflammé qu'il brandissait. D'un seul coup, l'aura révélait l'origine probable des peurs et celle de la tache disgracieuse.

J'ai appris rapidement que la phobie du feu s'était considérablement atténuée. Quant à la tache de vin, il aurait, hélas, fallu bien plus que la simple évocation d'un passé lointain pour la faire disparaître.

Tout ceci pose évidemment et aussitôt un certain nombre de questions. D'abord, que représente réellement le rayonnement causal ? S'agit-il d'un corps au sens complet du terme ? Peut-on avoir systématiquement recours à sa lecture afin de venir à bout de troubles tenaces ou inexpliqués ? Est-ce, en quelque sorte, une panacée pour sortir de certains questionnements ? Y a-t-il, enfin, toujours des résultats et ceux-ci sont-ils significatifs ?

Une banque de données

Essayons, en premier lieu, de comprendre un peu mieux ce que représente cette singulière manifestation causale qui apparaît dans certaines circonstances. Pour ceux qui se sont déjà penchés sur l'anatomie subtile de l'être humain, je voudrais préciser qu'il y a une distinction très nette à établir entre l'aura causale et le corps du même nom, en ce sens qu'une aura est toujours l'émanation, le reflet ou le prolongement d'un corps et ne saurait être confondue avec lui. Ainsi, selon les milliers d'observations que j'ai pu mener, autant le rayonnement causal est distant du corps physique, autant la réalité causale comme organisme structuré est intérieure au corps physique.

L'être causal a son port d'attache dans le coeur. On comprend mieux, dès lors, pourquoi j'ai parlé de ma pratique qui consiste à fixer le centre de la cage thoracique de la personne à aider. C'est la région du coeur d'un individu qui renferme le secret du passé de celui-ci. Le corps causal tient, par conséquent, son siège dans cette zone de l'organisme. Plus précisément, on peut dire que son germe réside dans le ventricule gauche du coeur. C'est à lui que j'ai fait référence en utilisant précédemment l'expression *banque de données* de l'individu. Certains écrits évoquent aussi son existence sous la dénomination *atome-germe*. Même si le terme est peu élégant et assez froid, je n'hésiterai pas à comparer cet atome-germe à une "superpuce informatique" connectée à l'âme de tout être et qui suit celui-ci, sans faillir, de vie en vie. Cet élément subtil en représente la mémoire absolue, une sorte de camescope total, branché en permanence sur la conscience et qui emmagasine tout ce que celle-ci vit. Le corps causal et, a fortiori, l'atome-germe contiennent et résument donc tout ce que nous sommes dans les profondeurs de notre être, derrière les masques des personnalités successives.

Cela revient à dire que c'est à cette banque de données que l'on fait appel, afin de raviver des mémoires lors de séances d'hypnose, de *rebirth* ou de n'importe quelle autre méthode de régression de la conscience. Comme tout élément sophistiqué appartenant à un corps, quel que soit celui-ci, il s'agit donc d'un constituant très fragile qui doit être abordé avec d'extrêmes précautions et aussi beaucoup de respect.

La mémoire d'un être représente, d'une certaine façon, l'être tout entier avec sa trajectoire, son équilibre, ses faux pas et ses réussites, puis sa sensibilité. On ne peut donc pas solliciter une telle mémoire n'importe comment ni la manier avec désinvolture et inconséquence. C'est ce que nous aurons l'occasion d'approfondir tout au long de cet ouvrage.

Pour en conclure ici avec l'atome-germe, base du corps causal, précisons maintenant que celui-ci est transmis par le père lors de l'aspect subtil de la procréation. En d'autres termes, la contrepartie éthérique de la semence masculine en est le vecteur.

Des éléments incontrôlables

La question est maintenant de savoir si l'on peut, en partant de ces considérations, entrevoir une systématisation de la plongée dans l'aura ou le corps causal afin de résoudre ou tout au moins de comprendre certains problèmes de santé ou de comportement.

Disons-le très nettement, ce n'est, hélas, pas aussi simple que cela. Pas aussi simple car il y a un côté imprévisible dans toute recherche au niveau du bagage karmique d'une personne. Cet aspect imprévisible reste présent, d'ailleurs, quelle que soit la méthode d'investigation utilisée, surtout si celle-ci est respectueuse de l'individu. Mon instrument de travail étant la lecture de l'aura, je m'en tiendrai cependant strictement à mon expérience personnelle.

Il est certain que le fait d'entr'ouvrir la porte d'accès à la mémoire profonde d'un être revient à pénétrer dans son intimité la plus grande. Cela ne peut se concevoir que s'il y a son accord total... et j'emploie le mot total, au sens le plus *total* du terme !

Évidemment, lorsqu'une personne sollicite l'aide d'une lecture de l'aura, elle entreprend une démarche volontaire et offre ainsi pleinement son consentement. Cependant, la nature humaine est complexe...

Voici un cas parmi cent autres.

Solange est une sexagénaire qui souffre depuis longtemps de profonds troubles du sommeil. Cela fait plus de vingt ans, me dit-elle, qu'elle absorbe quotidiennement des somnifères. J'ai déjà analysé son aura mais cette recherche n'a mis en évidence que des éléments mineurs qui n'apportent pas la solution au problème. C'est elle-même qui en vient à aborder la question d'un possible handicap provenant d'une existence antérieure. C'est alors que nous nous mettons d'accord, sur sa demande, pour une lecture d'aura causale.

Solange a l'esprit très ouvert et se réjouit même de l'opportunité qui s'offre à elle.

A priori, d'ailleurs, tout se présente bien. Le voile du temps se déchire et des scènes appartenant à un passé lointain se mettent à vivre sous mes yeux. Je les lui commente au fur et à mesure qu'elles défilent mais voilà que, soudainement, le "film" s'interrompt, que le rideau se tire. Solange se trouve à nouveau devant moi, le dos au mur blanc. L'ensemble de ses auras s'est totalement replié tel un éventail et il m'est impossible d'y pénétrer une nouvelle fois. Nous faisons une pause d'un quart d'heure, puis d'un autre quart d'heure... Rien n'y fait. *Quelque chose* s'est verrouillé et n'entend pas être forcé. En tout cas, pas cette fois-ci !

Que s'est-il donc passé ? Il y a deux explications possibles à cette interruption brutale de la lecture et à cette rétraction générale des différentes couches de l'aura. La première est celle d'une peur inconsciente de Solange dont la personnalité enfouie va *censurer* elle-même la suite du "film". En effet, le fait de *savoir* peut réveiller et stimuler une douleur cachée. Cela rend aussi plus responsable parce que plus lucide. Soulever un pan de son passé, cela veut dire risquer, tout au moins pour un temps, l'inconfort, c'est devenir plus adulte et, cela, chacun n'en a pas toujours la force même si, en surface, il en émet le souhait.

La seconde explication fait appel à ce que j'appellerai la *supraconscience*, c'est-à-dire cette partie de nous-même qui se situe au-delà de notre personnalité incarnée, au-delà de notre âme, donc dans cette sphère que l'on nomme l'esprit. Il m'apparaît évident que, dans certains cas, c'est notre supraconscience qui interrompt la "projection du film" comme pour planter un garde-fou, par mesure de sécurité, en fait parce qu'elle sait que ce n'est pas le bon moment pour laisser s'exprimer une page délicate du passé. Délicat ne veut forcément pas dire douloureux ou terrible, mais tout simplement inadéquat. En termes plus directs, l'information serait prématurée et entraverait l'évolution normale de la personnalité incarnée, elle en fausserait le jeu.

Que faire alors ? Simplement accepter la situation, comprendre que l'on n'a rien à forcer dans ce domaine. Il y a un temps pour tout et on se brûle toujours à vouloir pousser notre moteur plus loin que l'ensemble de notre véhicule ne nous l'autorise.

En réalité, il n'existe pas de recette infaillible qui puisse nous permettre de faire parler une mémoire karmique. Il n'y a d'ailleurs pas de recette du tout. Il y a des pistes, des voies d'accès possibles sachant qu'en définitive, c'est toujours l'être profond qui décide, ou non, de délivrer un visa autorisant l'exploration d'un immense territoire inconnu.

Un tourisme dangereux

Depuis vingt-cinq ans, j'ai reçu des milliers de lettres faisant appel à ma capacité de lecture des corps subtils. Je ne peux évidemment répondre à toutes par l'affirmative, surtout lorsqu'il s'agit de demandes relatives à une investigation dans le passé. Tout simplement parce que l'on ne peut pas concevoir la curiosité comme étant un moteur valable pour ce genre de recherche. L'oubli dans lequel nous plongeons à la naissance est le résultat d'une réelle mesure de sécurité mise en place par la structure profonde

24

de notre être. Soulever un fragment de son passé ne doit représenter pour personne une sorte de voyage touristique riche en impressions exotiques. Lorsque l'on ouvre une vieille malle, on peut, bien sûr, y trouver des merveilles oubliées. Cependant, on en sort aussi, très probablement, des vêtements sales ou rongés par les années, des insectes qui s'y étaient réfugiés, des objets laids et encombrants dont on peut se demander pourquoi ils étaient là. Peuvent également en émerger des photos peut-être belles mais ressuscitant par la même occasion des émotions envahissantes ou des douleurs aiguës que l'on pensait avoir dépassées. Bref, c'est tout un univers que l'on réveille et dont on peut ne pas savoir quoi faire dans le présent.

Ainsi, à mon avis, seules les motivations basées sur des troubles tenaces de la santé ou du comportement peuvent justifier une telle démarche, après avoir auparavant fait consciencieusement le tour des autres. On découvre très rarement des vies de princes ou de grands artistes et des morts glorieuses. Par contre, ce sont souvent des existences ordinaires, voire médiocres, des petitesses de l'âme, des violences, des rancoeurs, des peurs, des refoulements et des déceptions qui remontent à la surface. Il faut le savoir. Le déploiement d'une telle prise de conscience, avec le choc que cela peut parfois donner à l'égo, est souvent le prix d'une possible guérison ou, tout au moins, d'une réconciliation avec soi.

En aucun cas, et de toutes façons, il ne devrait être question de procéder à une recherche causale sur une personne souffrant d'un déséquilibre psychologique. C'est une question d'éthique et de bon sens élémentaire.

Un bagage plutôt lourd

Je me souviens du témoignage de Michel qui m'avait conté son histoire par écrit afin d'obtenir un rendez-vous.

À l'issue d'une séance de régression au moyen de je ne sais plus quelle méthode, il s'était retrouvé, quelques siècles en arrière, dans la peau d'un soldat, assassinant femmes et enfants dans un village dévasté par la guerre.

Vivement ébranlé par ce qui s'était réveillé en lui, il nourrissait des terreurs nocturnes et commençait, disait-il, à développer un réel syndrome de culpabilité.

J'ai reçu Michel car son appel me semblait désespéré. Il ne s'agissait pas, a priori, d'entreprendre une lecture d'aura sur sa personne, mais bien plutôt de l'apaiser et de lui apprendre à relativiser ce qu'il pensait appartenir à son passé lointain. Michel avait à peine vingt-cinq ans.

- Pourquoi as-tu entrepris une régression, l'an passé ? lui ai-je aussitôt demandé. Souffrais-tu de quelque chose ?

- Non, je suis passionné par l'idée de la réincarnation. Je me disais qu'en plongeant dans mes vies antérieures, j'allais pouvoir m'améliorer, mieux comprendre ma vie…

J'ai souvent entendu ce discours et il est généralement sincère, cependant en grattant un peu la surface des motivations, on s'aperçoit aussi d'autre chose…

- Es-tu certain que c'est cela qui t'a poussé ? ai-je continué. Étais-tu convaincu de trouver de belles histoires qui t'aideraient à grandir ?

- Vous avez raison, m'a finalement répondu Michel après un bon moment de silence. J'étais peut-être surtout curieux, je voulais savoir. Et puis… il me semblait que je ne pouvais avoir fait que de belles choses, bien propres. Je ne veux que le bien, moi !

Nous finîmes par parler de l'orgueil, celui qui nous guette tous, à un moment donné ou à un autre, dès que nous pénétrons dans un nouveau domaine, surtout si celui-ci nous procure la sensation de comprendre des mécanismes primordiaux, surtout enfin s'il y a ne fût-ce que l'ombre d'un pouvoir qui se profile derrière lui.

Oui, Michel avait voulu, comme beaucoup, jouer avec quelque chose qui le dépassait, pour lequel il n'était pas préparé et qui l'avait brûlé. Je me souviens qu'il ne put retenir quelques larmes, ce jour-là. Il lui a fallu plusieurs mois et deux autres rencontres riches en discussion de fond pour désamorcer le processus de culpabilisation qu'il s'était fabriqué. Son cas n'est pas rare mais illustre assez bien, je crois, les conséquences possibles d'une recherche causale injustifiée et menée avec beaucoup d'irresponsabilité.

Au cours de toutes ces années de pratique, il m'est arrivé un certain nombre de fois de rencontrer des personnes ayant subi, comme Michel, des séances de régression inconsidérées et dont la compréhension de ce qui était remonté à la surface avait subi une étrange distorsion.

Un réflexe de protection

Annick dirigeait une petite entreprise familiale. Depuis fort longtemps, elle souffrait de violents et réguliers spasmes au ventre. Inquiète de la situation, elle avait eu recours à toutes les médecines. Aucun examen, aucun traitement cependant ne donnait le moindre résultat. À de nombreuses reprises, elle avait fait un rêve. Toujours le même, aussi angoissant qu'obsédant car c'était celui d'une femme en train d'être violée. Elle en avait déduit qu'il s'agissait certainement d'elle dans une existence antérieure et que ses douleurs au ventre résultaient sans doute de cet événement. Désirant y voir plus clair dans la situation, elle avait donc sollicité une rencontre qui déboucha, assez logiquement, sur une lecture d'aura d'ordre karmique.

Celle-ci nous fournit nombre d'informations... mais pas du tout celles présumées. Le rayonnement causal d'Annick contenait bien la mémoire précise d'une situation de viol, toutefois la personne en question n'en était pas la victime. L'aura d'Annick révélait que cette dernière avait vécu à une certaine époque dans un corps d'homme et qu'elle avait été, au contraire, l'agresseur. Réalité difficile à accepter et que, tout naturellement, sans évidemment s'en apercevoir, elle censurait. C'était pour elle une mesure de protection. Son mental, incapable d'assumer jusqu'alors une telle situation, lui renvoyait une information déformée. Son corps, quant à lui, en revivant à sa façon le choc à la fois physique et émotionnel de l'agression, s'appropriait la souffrance causée.

En d'autres termes, on pourrait dire que l'âme d'Annick, par réflexe de culpabilité, reproduisait de nos jours la douleur qu'elle avait provoquée en un autre temps.

Des situations comme celles-ci, il en existe évidemment des quantités. Elles sont toujours très riches d'enseignements car elles nous permettent d'approcher d'un peu plus près la complexité de l'être humain qui, à travers mille circonvolutions et mécanismes de protection, emprunte des masques... et plus souvent qu'à son tour celui de la victime. Elles nous rappellent aussi à quel point il faut être prudent dans la lecture et la compréhension d'éléments appartenant éventuellement à une existence antérieure.

Chapitre 2

Du physique au psychologique

C'était la deuxième fois que Suzanne frappait à ma porte. Ce jour-là encore, elle n'avait pas hésité à parcourir quelques centaines de kilomètres afin d'être présente au rendez-vous. Cela prouvait amplement sa motivation. Je me souvenais bien de la première lecture d'aura que je lui avais faite, trois mois auparavant. Elle était alors venue me consulter à propos d'un eczéma qui ne la quittait pas depuis des années. Elle souffrait aussi de fréquentes douleurs dans les genoux qui ne semblaient correspondre à rien de clairement diagnosticable et qu'aucun traitement n'était parvenu à faire disparaître.

L'analyse de son aura, lors de cette première rencontre, avait mis en évidence l'existence d'une *cristallisation mentale* - que l'on pourrait appeler aussi *forme-pensée* - dont la structure et la coloration bien spécifiques parlaient de culpabilité. Le sentiment de culpabilité, conscient ou non, est de ceux que l'on retrouve très fréquemment dans le contexte karmique. La forme-pensée que le rayonnement mental révèle est parfois tellement précise qu'elle apparaît alors comme un *médaillon* au sein de l'émanation lumineuse. J'emploie à dessein le terme de médaillon car il n'est pas rare qu'un visage y soit imprimé, un visage faisant référence, bien sûr, à l'identité de la personne autour de laquelle le problème a été focalisé. Lorsque de telles manifestations sont très présentes, il m'arrive de les appeler *kystes mentaux*, tant ceux-ci relèvent de l'idée fixe. Ces kystes subtils conduisent presque toujours à des attitudes erronées dans la vie quotidienne et sont aussi à l'origine d'un grand nombre de troubles de la santé.

Dans le cas de Suzanne, la forme-pensée en question était bel et bien en contact énergétique avec ses deux genoux. Afin de pénétrer plus avant dans le problème, il fallait remonter à l'origine même de la présence d'une culpabilité en elle. Aucun visage, aucune silhouette, cependant, n'était visible dans le médaillon en question. Par contre, celui-ci oscillait constamment à la "frontière" entre l'aura mentale et l'aura causale. C'était, pour moi, le signe que la source initiale du trouble remontait vraisemblablement à un passé lointain et qu'il avait suffi d'un élément dans cette vie-ci - la forme-pensée en témoignait - pour que le corps crie « au secours » à sa façon.

La deuxième rencontre qui se présentait avait donc pour but de tenter d'investiguer la mémoire karmique de Suzanne. Son eczéma y trouverait peut-être aussi une explication. C'était, du moins, ce que nous espérions sans trop oser projeter de désirs. J'avais d'ailleurs prévenu Suzanne : « On ne programme pas à coup sûr une recherche d'ordre causal. On ne la force pas. C'est notre être profond qui décide lui-même du moment et si cela doit se faire. »

Par chance pour Suzanne, ce fut le bon jour. Sitôt les conditions réunies, l'écran de lumière blanche qui initie toute lecture dans le temps se déploya devant mes yeux. Je regardai dans le vide que celui-ci créait face à moi et ce vide, ou plutôt cette lumière sans support, se mit bientôt à entrer en mouvement jusqu'à ce qu'un décor et des formes en émergent. Ainsi qu'à mon habitude, j'entrepris de décrire les scènes qui m'apparaissaient.

Autopsie d'une culpabilité

Il y a un cloître, un déambulatoire avec de belles colonnes de pierre, des chapiteaux très ouvragés. Il fait chaud. Les rayons du soleil lèchent les murs et inondent les dalles d'une petite cour, là, tout au centre, avec quelques rosiers et un puits. Je vois des religieuses, beaucoup de religieuses. D'ailleurs, je regarde tout ceci par l'oeil d'une religieuse. Elle est jeune encore. Je devine maintenant son visage. Elle est anxieuse et marche rapidement. Elle se tient à part du groupe des autres et voilà qu'elle pousse une petite porte de bois découpée à l'intérieur d'une autre, beaucoup plus lourde, garnie de ferrures.

C'est une église, pas très grande et avec ses rangées de bancs. Là, il fait froid... Va-t-elle prier ? Non, la religieuse avance à petits pas mais aussi vite qu'elle le peut, tout en regardant autour d'elle comme par crainte d'être vue. À droite du choeur, sous une voûte ornée de fresques, il y a une autre porte; elle la pousse puis la referme derrière elle. Elle ne veut surtout pas faire de bruit, elle craint le bruit plus que tout... mais tout résonne comme

*pour ajouter à son anxiété. Il y a maintenant un couloir,
puis un autre encore, à droite... Elle le prend. La lumière
du jour n'y filtre que par de toutes petites lucarnes. Je
sens que cela la rassure. Enfin... une porte à droite à
demi cachée par une tenture. La religieuse la pousse.*

*Derrière elle, je distingue un homme dans une pièce
très sombre. Il se tient dans un angle, comme s'il ne voulait pas, lui non plus, être vu. C'est un prêtre. J'ignore
quelle époque indique sa robe de prêtre, mais c'était il y
a très longtemps. Elle est ample, veloutée et pourvue d'un
grand col blanc dentelé.*

*L'ambiance est étrange, à la fois lourde et pétillante,
tel un mélange de cire, d'encens et de jasmin. Tout paraît
clair désormais, tout s'explicite. Les deux êtres s'étrei-
gnent. Leurs élans sont passionnés, très charnels... Ils
s'aiment.*

Mais voilà que la scène s'interrompt et que d'autres
se succèdent, presque identiques. Une suite de rendez-
vous, tous clandestins, au même endroit, toujours, toujours... Il me semble que cela dure des mois, peut-être
des années...

*La jeune religieuse est maintenant dans sa cellule. Je
continue de regarder par ses yeux en même temps que
quelque chose de ma conscience demeure constamment
extérieur et étranger à elle. Je la vois assise sur son petit
lit de bois très étroit et très sobre. Elle porte une sorte de
vêtement de nuit en grosse toile et laisse éclater de longs
sanglots. En même temps, elle frotte compulsivement ses
avant-bras et ses épaules avec le tissu rugueux qui les
recouvre. Il y a tant de douleur !*

Une fois encore la scène change... comme si la mémoire affective qui a engrangé tout cela faisait des bonds dans le temps.

Nous sommes dans une petite cité à flanc de montagne ou de colline. Il y a quelques échoppes et des maisons bourgeoises le long d'une rue étroite qui monte. La rue est pavée de pierres et tout en escaliers. Quelques hommes et des femmes la gravissent à genoux en priant tandis que d'autres y flânent. Leurs vêtements me font songer à ceux de la Renaissance et on parle une sorte d'Italien. La religieuse est toujours là, au centre de tout ce que je vois. Son vêtement est sale. Elle aussi monte l'escalier à genoux. Je le devine très long, tortueux, interminable, jusqu'à un sanctuaire, sans doute. Quelle tristesse dans le regard de cette religieuse et comme elle semble avoir vieilli !

À la recherche des parallélismes

La lecture causale de Suzanne, ainsi que dans la plupart des cas, s'interrompit brutalement. Il y avait, d'ailleurs, déjà tant d'informations ! Le moment était venu de faire le point, de synthétiser tout cela pour en tirer une compréhension.

- Attendez, me dit Suzanne, avant même que je prenne la parole pour résumer la situation. Je suis très troublée... Mon mari actuel est un ancien prêtre. Il avait déjà quitté les Ordres avant notre rencontre mais, maintenant que j'y pense, mon eczéma a débuté dans l'année qui a suivi notre mariage. Moi-même, j'ai été éduquée dans un collège tenu par des religieuses. J'ai toujours eu l'impression d'y étouffer. J'étais en réaction permanente contre leur vision rigoriste du monde et aussi des rapports entre les êtres. Mais pourtant...

- Pourtant ?

- Pourtant, lorsque j'ai rencontré celui qui allait devenir mon mari, j'ai tout de suite éprouvé la sensation de commettre une sorte de faute. C'était stupide, mais je n'y pouvais rien. J'étais souvent habitée par l'idée que je le détournais de sa direction, ce qui était faux, bien entendu. En fait, avec le recul, je m'aperçois maintenant que je m'inventais une culpabilité.

- Vous ne vous l'inventiez pas, ai-je alors répliqué, vous vous la remémoriez ! Il ne s'agit pas de savoir si le prêtre de cette époque révolue est le même être que celui qui est devenu votre époux dans cette vie. Là n'est pas la question. La question est de comprendre que l'événement qu'a constitué votre mariage avec un ex-prêtre a vraisemblablement réveillé en vous la mémoire très lointaine et inconsciente d'une forte culpabilité. Souvenez-vous... Ces moments de détresse assise sur un lit, dans la cellule. Souvenez-vous aussi de cet épais tissu rugueux dont la religieuse se râpait les bras comme pour se punir.

- Et les escaliers montés à genoux... Cela aussi, alors, c'était une punition.

En l'espace de quelques minutes, Suzanne avait d'elle-même tout compris. Elle démontait le schéma de ses attitudes et de ses réactions. Nous parlâmes évidemment beaucoup. Il fallait finir de vider la poche de cet abcès qui n'avait su s'exprimer que par une maladie de peau et une douleur récurrente aux genoux. Son cas illustrait parfaitement de quelle façon notre corps trouve toujours le moyen d'attirer l'attention dès lors que notre être profond souffre trop ou garde encore la plaie non cicatrisée d'une ancienne blessure. Le symptôme physique a toujours valeur de sonnette d'alarme.

La prise de conscience n'était cependant pas terminée pour Suzanne. La suite de notre discussion prit, en effet, une autre tournure.

Cela faisait des années, me confia-t-elle, qu'elle avait cessé tout rapport intime avec son mari. Bien que menant la vie d'une femme moderne et apparemment bien dans son temps, elle avait fini par développer l'idée que l'acte d'amour physique était quelque chose d'impur et de presque répréhensible. En fait, elle ne se l'avouait pas franchement mais, bien vite, en parlant avec elle, ce fut l'évidence. Une évidence qu'elle accepta à sa propre stupéfaction, d'ailleurs. Intellectuellement, bien sûr, elle était d'accord avec l'absurdité de cette attitude mentale qu'elle avait développée à son insu depuis des années et qu'elle attribuait simplement à un manque de désir lié à son âge. Seulement voilà, l'intellect ne suffit pas. Le corps se constitue sa propre mémoire. Il se fabrique ses comportements, ses automatismes, ses réactions, ses replis ou ses élans contre lesquels la logique et la raison de la personnalité consciente ne peuvent rien.

Suzanne admit donc parfaitement et soudainement le pourquoi de son refus de la sexualité. Cependant, le problème n'était pas résolu pour autant. Il lui faudrait du temps avant que son corps ne se dénoue et oublie son réflexe de fermeture né d'un vieux et tenace sentiment de culpabilité.

L'eczéma de Suzanne, néanmoins, disparut au bout de quelques semaines et ses douleurs aux genoux se firent de plus en plus rares. Quant aux relations avec son mari, je n'ai jamais su si elles s'étaient modifiées. Ce qui est certain, c'est qu'un moteur est parfois poussé si loin qu'il s'emballe et qu'on ne parvient jamais à l'arrêter.

Il ne suffit pas de savoir et d'admettre le pourquoi d'une situation, il faut comprendre celle-ci et une compréhension, me semble-t-il, ne devient totale que si elle est intégrée dans la chair, c'est-à-dire si les cellules du corps abandonnent leur ancienne programmation. En termes plus simples, notre mental peut dire oui tandis que notre corps s'obstine à répondre non. Nous le verrons, une telle dualité mène parfois loin.

Chapitre 3

Les moteurs de la mémoire

« Mais pourquoi ? Pourquoi ? » Lorsque ressurgit la trace d'une vie passée, telle est la question que l'on me pose souvent et avec raison ! Qu'est-ce qui fait donc que *quelque chose* en nous n'oublie pas ? Quel est le mécanisme par lequel notre corps traduit à sa façon, et très concrètement, un événement qui n'appartient pas au présent ?

Il n'est pas simple, évidemment, de répondre à de telles interrogations. Plus il m'est donné de me pencher sur les difficultés d'un grand nombre de personnes, plus il m'apparaît clairement que chacun de nous est comparable à une gigantesque bibliothèque. Chaque chapitre d'un seul de ses livres serait alors semblable à une vie entière tandis que chacune des pages du chapitre en question comprendrait des post-scriptum renvoyant à d'autres chapitres, à d'autres livres, à l'infini.

Chacun d'entre nous possède son propre langage, ses propres clés délicates à actionner dans les serrures d'un grand nombre de portes dérobées. En fait, nous sommes tous les metteurs en scène et les héros d'un fabuleux roman-feuilleton qui se joue au jour le jour et qui est toujours unique.

Ainsi, lorsque l'on plonge, au moyen d'une méthode ou d'une autre, dans les vies antérieures, on se gardera bien de systématiser nos réflexions et nos analyses afin de les faire coïncider avec des schémas pré-existants.

On peut juste discerner quelques grandes lois qui semblent régir le comportement de l'être humain, son équilibre et sa santé.

Revenons-en à la question qui m'est souvent posée : « Qu'est-ce qui fait donc que tel événement, plutôt que tel autre, imprime sur la conscience puis sur le corps son empreinte au point que celle-ci se répercute d'une vie à une autre ? »

D'une manière générale, je répondrai que c'est sa charge émotionnelle. C'est l'émotion avec laquelle une situation est vécue qui crée un impact plus ou moins profond sur l'âme. J'emploie, bien sûr, ici le mot âme pour son côté pratique mais, en réalité, je fais référence à son aspect affectif. Nous sommes tous des êtres affectifs. C'est une constante qui ressort à chacune des lectures d'aura que je pratique. Les natures les plus rudes présentent même une fragilité affective au-delà de la moyenne. Les carapaces qu'elles se tissent ne sont généralement là que pour donner, par orgueil et par peur, l'illusion d'une force inébranlable.

Cette sensibilité de notre dimension émotionnelle permet de comprendre aisément pourquoi ce sont presque toujours des événements difficiles, voire dramatiques, qui réapparaissent dès que l'on se penche vers le passé.

Notre psychisme fonctionne de telle façon qu'il gomme ou met entre parenthèses plus facilement des instants heureux que des moments tragiques. Nous évacuons *normalement* le bonheur tandis que nous nous focalisons *anormalement* sur le malheur. Dès lors, comment s'étonner si celui-ci génère de véritables kystes sur la conscience ou y provoque des cicatrices longues à guérir ? Le problème est donc celui de la cristallisation de l'émotion "négative".

Je vous rappelle que l'atome-germe, notre banque de données centrale, est en contact permanent avec toutes les strates de notre personnalité. Si le moindre événement y est emmagasiné sous la pluralité de ses formes, il semble cependant que ce soit la dimension émotionnelle qui y prédomine, tout au moins au niveau actuel du développement humain.

Dès que nous vivons quelque chose de difficile, une partie de nous a tendance à y jeter l'ancre, comme s'il s'agissait d'une programmation ancestrale. Nos cellules s'en imbibent alors, répercutent sur l'atome-germe leur souffrance, l'y impriment... jusqu'à ce que ce dernier la fasse ressurgir, éventuellement dans une autre vie, dès que la douleur est toujours là, non dépassée, non digérée.

Pourquoi dans une autre vie ? direz-vous. Parce que, répétons-le, une vie représente un seul chapitre d'un livre, un élément de son intrigue, de son histoire, ne mettant en scène qu'une partie de ses événements, de ses personnages-clés ou initiateurs, au sens premier du terme.

Ainsi, il est fréquent que l'on ne parvienne pas, dans une seule existence, à calmer une vraie douleur, à se pacifier avec sa source puis à entamer une totale réconciliation avec celle-ci. Parce qu'une vie c'est court, même si nous nous y déplaçons parfois lentement. Parce que l'on n'a pas toujours le courage d'affronter ses peurs... ou ses rancoeurs. Parce qu'il arrive aussi que l'émotion en tant que souffrance n'apparaisse qu'au dernier instant d'une existence. Elle surgit alors comme un ultime bagage emporté de force par surcroît et qui constitue une véritable surcharge rendant inévitablement l'avance pesante.

Au fil des années, j'ai remarqué qu'il y avait quelques grands schémas-types reposant sur des émotions difficiles. Ceux-ci sont au nombre de quatre : la peur, la colère, la vengeance et la culpabilité. Ils marquent parfois la personnalité profonde à la manière d'un fer rouge.

La peur

J'ai particulièrement en mémoire le cas d'une personne étant venue me consulter à cause de la frayeur que lui provoquaient tous les animaux à cornes. La seule vue de l'un d'eux suffisait souvent à lui déclencher de fortes tensions musculaires et des tremblements de la main. Étant donné que cette personne vivait dans un milieu rural, on conçoit bien la gêne que cela pouvait lui occasionner.

La lecture d'aura mit rapidement en évidence une blessure très grave remontant au début du siècle dernier : un terrible coup de corne reçu par un taureau dans une arène. Ce qui restait imprimé dans la mémoire enfouie, ce n'était pas l'impact du coup mais le regard de l'animal au cours du corps à corps qui avait précédé la blessure.

La peur en question ne disparut pas d'emblée avec la mise à jour de cet ancien événement. Elle s'atténua doucement au fil des mois. Il fallait désamorcer un schéma et c'est ce que la compréhension des circonstances permit de faire. La peur reposait sur un mécanisme simple et c'est le fait de connaître sa logique élémentaire qui fut libérateur.

La colère

La colère réapparaît infiniment plus souvent qu'on ne le croit dans la formation des troubles d'origine causale. La plupart du temps, cependant, elle ne constitue un moteur de maladie que lorsqu'elle n'a pas été exprimée ou, du moins, pas totalement. Elle sème alors dans les profondeurs de la conscience une véritable graine d'auto-empoisonnement qui ne peut que germer à un moment donné ou à un autre. À force d'investiguer des "histoires du passé", j'ai pu constater qu'il existe dans la succession de nos vies beaucoup de faux pardons, un tout aussi grand nombre de pseudo-pacifications et donc une quantité impressionnante de colères réprimées, soit par faiblesse, soit par volonté intellectuelle de maîtrise, soit enfin parce que les circonstances ne le permettaient pas.

Si nous pouvons parfois mentir à notre personnalité de surface, nous en sommes incapables au niveau de notre corps ou, plus exactement, de nos cellules. Celles-ci emmagasinent le moteur énergétique qu'une colère étouffée, en réalité une sorte de frustration, initie inévitablement.

Est-ce à dire qu'il faudrait laisser s'exprimer violemment ou anarchiquement la moindre de nos colères ? Je ne le crois pas, car la maîtrise de soi me semble être l'un des attributs de cette sagesse à laquelle nous aspirons tous, de façon plus ou moins avouée.

La *prise d'altitude* face à une situation qui nous fait nous rebeller est certainement la solution au problème. Elle seule, à mon sens, permettrait, d'une part le dépassement d'une attitude violente en paroles ou en actes, d'autre part le désamorçage d'une mine que l'on placerait en soi. Devant l'ampleur de la tâche, ne nous demandons pas pourquoi nous avons besoin de tant de vies pour éclore dans ce que nous sommes de meilleur !

Selon mes observations, certains cancers, notamment des cancers du foie ou du pancréas, renverraient à des colères réprimées, telles des bombes à retardement posées dans un passé parfois très lointain.

La vengeance

Pierre était un garçon un peu fluet, dans la jeune vingtaine. Il souffrait d'un mal pour lequel on ne trouvait aucun remède : une douleur pratiquement permanente à l'épaule droite, quelque chose qui lui rendait tout mouvement assez pénible, à tel point que porter le moindre poids lui était devenu difficile. On en avait conclu à une sorte de rhumatisme, mais aucun calmant n'en venait pourtant à bout. Une lecture d'aura sur sa personne nous entraîna, contre toute attente, vers le passé. C'est alors que fut mise à jour l'histoire banale d'un mari trompé. Les scènes que son aura causale laissèrent parler le montraient sous les traits d'un fermier prospère, il y a environ trois siècles.

À travers elles, je le vis frapper très violemment un homme, probablement l'un de ses employés, celui qui était la cause de son infortune. Les coups assénés étaient si brutaux que plusieurs personnes durent intervenir pour le maîtriser et empêcher la mort éventuelle de celui dont il entendait se venger.

Les représailles physiques s'arrêtèrent là, mais les scènes suivantes révélées par la mémoire causale indiquaient très nettement que, pour le fermier en question, la vengeance n'avait pas été ce qu'il aurait voulu, elle avait été interrompue, bridée.

À la fin de la lecture d'aura, je m'aperçus que Pierre était ruisselant de sueur et en proie à une vive émotion. Nous parlâmes, bien sûr, comme il se doit, afin de commenter tout ce qui s'était manifesté. Au bout de quelques minutes, il me confessa que, plusieurs années auparavant, il s'était trouvé dans une situation analogue à celle que j'avais décrite. Il n'était pas allé aussi loin dans la violence physique mais il vivait encore avec un sentiment de rancune et de vengeance non assouvi. Il n'avait, quant à lui, jamais établi de lien entre sa réaction face à son infortune et sa douleur à l'épaule, laquelle datait exactement de la même époque dans cette vie présente. Il avait mal là où il avait donné des coups... et pas autant de coups qu'il l'aurait voulu. En discutant avec lui, il m'apparut évident que Pierre n'était toujours pas prêt à pardonner. Je tentai de lui expliquer que la vie nous replace constamment face à des circonstances analogues tant que nous n'avons pas maîtrisé en nous des réactions excessives ou erronées. Je vis qu'il comprenait cela intellectuellement mais que son corps ne parvenait pas à l'accepter, que ses pulsions l'emportaient toujours en lui.

Pierre me quitta ce jour-là sur de bonnes résolutions et une apparente prise de conscience de son problème. Je n'ai plus eu de nouvelles de lui mais je gagerais que sa douleur à l'épaule l'a encore accompagné longtemps. Il y avait, dans le fond de son être, trop de raideurs, trop de rancune pour que, à mon avis, il assouplisse son bras vengeur puis se pacifie réellement.

Le cas de Pierre ne représente que l'un des innombrables exemples m'ayant permis de comprendre, de façon très tangible, l'obstination que manifeste l'*Intelligence de Vie* quand il s'agit de nous faire apprendre une leçon. Combien de fois, en effet, dans une même existence, ou d'une vie à l'autre ne nous trouvons-nous pas face à des circonstances apparentées les unes aux autres, jusqu'à ce que nous en ayons compris profondément l'enseignement et modifié notre attitude ? Tel obstacle que nous n'avons pu surmonter un jour se représente inévitablement sur notre route, à un moment donné ou à un autre. La vie va toujours nous chercher au point le plus fragile de notre être car elle n'a qu'un but : *l'affinement de notre conscience.*

La culpabilité

Dans ce domaine, l'exemple que me fournit Monique fut des plus typiques. Monique était mère de deux enfants et n'avait apparemment aucun problème digne de ce nom. Et pourtant... Elle m'expliqua qu'elle nourrissait avec persistance et malgré elle, un sentiment de faute envers son fils et cela sans raison apparente. Ce sentiment était si présent qu'elle avait toujours l'impression de ne pas "en faire assez" pour cet enfant. La soeur de ce dernier en éprouvait de la jalousie et cela créait un malaise de plus en plus évident au sein de la famille. La psychologie classique ne l'avait pas éclairée sur son comportement et elle en était assez naturellement venue à envisager l'hypothèse d'un *karma* la liant à son fils.

Je me souviens qu'il fallut plusieurs tentatives en lecture d'aura avant que son corps causal ne consente à s'exprimer. La mémoire profonde de Monique avait été bien verrouillée...

Les images qui défilèrent devant mes yeux étaient celles d'une jeune femme prise dans un mouvement de foule, vraisemblablement en Europe durant la première guerre mondiale.

La scène s'était déroulée dans une grande ville. Au coeur de la bousculade et de l'affolement général, sa main avait lâché celle de son tout jeune fils qu'elle n'avait ensuite, selon toute apparence, plus jamais retrouvé.

Y eut-il des déplacements de population, le petit garçon fut-il blessé ou tué ? La mémoire causale de Monique ne me fournit pas de réponse supplémentaire.

Ce qui était important, c'était le schéma de culpabilité formé à partir de cet événement. Monique alimentait en elle l'image d'une mère s'accusant d'un cruel manque d'attention envers son fils. La sensation d'une faute était imprimée sur son âme tel un sceau et elle faisait tout, de façon presque maladive, pour la compenser, l'effacer.

Lorsque Monique me serra la main avant de partir, elle savait que c'était à elle de faire l'autre bout du chemin. Elle connaissait l'un des éléments majeurs avec lesquels elle avait tissé sa propre histoire. La réforme de ses attitudes ne dépendait plus que d'elle, tout lui était remis entre les mains, elle avait un outil pour désincruster ses réflexes nés d'un autre temps.

Pourquoi maintenant ?

Pourquoi maintenant ? Cette question m'est également souvent posée. En effet, pourquoi une histoire, un événement, ressortent-ils à un moment donné, dans cette vie plutôt que dans une autre, sous la forme d'une difficulté ? En d'autres termes, pourquoi maintenant et non pas il y a cinquante ans ou dans deux siècles ? Tout d'abord, si la *marque causale* est très ancienne, prenons conscience qu'il n'est pas du tout exclu que celle-ci soit réapparue sous de multiples formes lors de plusieurs existences, comme une tache ou un poids récurrent dont on ne parvient pas à se libérer. En ce qui concerne notre Occident, n'oublions pas qu'il y a peu de temps encore, il n'était pas question, en dehors de cercles très fermés, d'évoquer l'hypothèse des vies antérieures. Pendant des siècles, et même des millénaires, rien n'a donc été investigué dans ce domaine-là. On traitait, comme on le pouvait et en surface, les maladies physiques parfois étranges ou les troubles du comportement... ou on ne les traitait pas du tout.

D'autre part, il me paraît évident que l'on ne traîne pas toujours la même difficulté d'une existence à l'autre. On en met certaines "en réserve", c'est-à-dire en sourdine pendant parfois de longues périodes, les lois de la Vie ou de l'évolution ne les faisant ressurgir à un moment donné que lorsque leur pression est trop forte ou lorsque va se présenter l'occasion de les dépasser, de les guérir. L'occasion, cela peut être une circonstance astrologique bien particulière qui va exacerber des attitudes ou des événements; cela peut être aussi, et c'est souvent le cas, des rencontres déterminantes avec des personnes impliquées depuis longtemps dans notre histoire, notre problème et qui réveillent automatiquement nos cicatrices inconscientes.

Pourquoi cela ?

Par la même occasion, une telle vision des choses permet de répondre à la question suivante : « Pourquoi cette difficulté-là plutôt que telle autre ? » Eh bien, parce qu'il y a un temps pour tout. Parce que l'on ne peut pas mettre la totalité de notre être en chantier au même moment, c'est-à-dire dans une seule vie. Il y a donc des vies pour placer en évidence tel souvenir enfoui et telle souffrance à dépasser, puis il y en a d'autres destinées à travailler telle autre chose.

Ce qui est certain, c'est que la Force de Vie en nous - on peut aussi l'appeler l'Étincelle divine - ne nous passe rien. Je veux dire par cela qu'Elle ne se contente pas d'à peu près.

La *demi-santé*, à quelque niveau de l'être que ce soit, n'est pas quelque chose d'acceptable pour cette Force qui nous donne vie et nous pousse à évoluer.

Toute blessure demande à être intégralement reconnue, puis guérie. *Il ne s'agit pas d'oublier, mais de dépasser, de sublimer*. Vaste programme qui a pour but de faire de nous des êtres ayant une réelle colonne vertébrale, des hommes et des femmes qui tiennent debout et sont en marche vers une réalité de plus en plus lumineuse.

Voudrions-nous oublier que nous ne le pourrions d'ailleurs pas ! Notre spécificité d'êtres aptes à faire ressentir et éprouver des émotions extrêmes nous prédispose

à écrire avec celles-ci des chapelets de forces et de faiblesses dans les sillons de l'âme. *Nous sommes des mémoires intégrales* et c'est sur ce terrain-là qu'il faut
oeuvrer.

Chapitre 4

Phobies

« J'ai peur des oiseaux ! » La lettre de Madame A. commençait par ces quelques mots tout simples et, en apparence, anodins. Elle me les lançait pourtant comme un véritable appel au secours.

La peur des oiseaux... était-ce une maladie digne de ce nom ? J'avais tant de demandes évoquant des difficultés plus sérieuses que j'avoue avoir été tenté d'accuser une fin de non recevoir. Quelque chose cependant me poussa, ce jour-là, à relire les mots que Madame A. m'adressait. Ils racontaient son existence tourmentée, sa phobie de traverser la moindre place publique à cause des pigeons, sa crainte maladive de visiter des amis en raison de leurs perruches, même en cage, sa frayeur face aux corbeaux dans les champs... La liste n'en finissait pas. Et le plus étrange était que la vie semblait s'ingénier à mettre toujours davantage d'oiseaux sur sa route, jusqu'à ce malheureux moineau venu s'écraser sur le pare-brise de sa voiture quelques semaines auparavant. Ma correspondante terminait en disant qu'elle développait maintenant un début d'allergie en présence de la moindre plume. Sa demande prenait un ton si pathétique que je décidai finalement de la recevoir, aucune psychothérapie n'étant parvenue à la guérir.

Madame A. était de toute évidence souffrante. Cela me sauta aux yeux dès qu'elle eut franchi le seuil de ma salle de travail. Les joues creusées et le dos un peu voûté, elle se montrait très angoissée, comme une personne qui aurait la sensation d'avoir une épée de Damoclès suspendue en permanence au-dessus d'elle. Âgée d'environ quarante-cinq ans, elle était institutrice et affirmait que même les moineaux piaillant dans la cour de récréation la faisaient frissonner. Avec une pointe d'humour, elle en vint à me dire : « Je suis une caricature parfaite illustrant la phobie des volatiles ! »

La lecture d'aura commença, au cours de laquelle il m'apparut très vite que je devais orienter ma perception vers le rayonnement causal. Des scènes d'un passé lointain se mirent alors à s'animer puis à défiler, sans grande difficulté, devant mes yeux.

Nous sommes dans le désert. C'est un désert de caillasse, le soleil monte dans le ciel et il fait très chaud. Je vois tout de haut et de façon mobile, comme si j'étais à cheval. J'entends des cris, des hurlements et des bruits métalliques. Ma tête, celle de l'être par lequel je vois, fait un rapide mouvement de côté… Nous sommes en plein combat. Dans la poussière, des hommes courent et se battent, des chevaux se cabrent et hennissent. C'est un vacarme total. Des épées se rencontrent, frappent sauvagement, des lances se brisent et tombent. Je cherche des regards mais impossible d'en trouver réellement sous les casques et les cottes de mailles. C'est la pagaille, l'odeur du sang et c'est aussi, me semble-t-il, chacun pour soi. Une cruelle débandade... Une bannière à la croix écarlate tombe quelque part entre les combattants et le corps par lequel je vois tombe, lui aussi. Sa mémoire me renvoie jusqu'au choc de sa rencontre avec le sol. Je suis, il est blessé. Au bout du bras que je rencontre, étendu au sol, il y a une main encore crispée sur le pommeau d'une épée ébréchée et ensanglantée. Tout s'arrête... Impossible de tourner le regard et de voir autre chose que cette main et la poussière grise du sol.

Le temps passe, maintenant. Il s'accélère. Son mouvement me fait penser aux pages d'un livre que l'on feuillette rapidement. Voilà enfin que le silence s'est abattu dans le désert. Je sais qu'il y a d'autres hommes étendus, pas très loin, tout autour. Ils sont nombreux, je le devine, également blessés et mourants. Soudain, mon regard parvient à pivoter, comme dans un dernier effort, comme s'il avait pressenti quelque chose. Là, dans le bleu du ciel, il y a des oiseaux qui tournent. Ils décrivent des cercles et lancent leurs cris sinistres. Maintenant, ils descendent. Je distingue les mouvements de leurs ailes; ils voilent le soleil, ils sont sur moi et je ne peux bouger...

Je me souviens que ma description s'est arrêtée là. Non pas que je n'aie plus rien perçu, au contraire car la situation m'est apparue dans toute son horreur, mais je me suis trouvé incapable de parler.

J'entendis simplement : « Mon Dieu » . C'était Madame A. qui venait de murmurer. Dès qu'elle eut prononcé ces deux mots, tel un soupir, son aura causale se brouilla puis l'ensemble de son rayonnement parut s'éteindre ou se replier comme un éventail que l'on referme. Tout devenait clair, la situation parlait d'elle-même... Les croisades, une mort lente sur le champ de bataille, enfin l'agression des oiseaux charognards. La mémoire causale de Madame A. renfermait un véritable scénario de film d'épouvante et celui-ci avait bien voulu se laisser pénétrer.

Il n'y eut presque aucun commentaire à faire. Le moteur de la phobie n'était que trop évident. Celui-ci avait franchi les siècles pour ressurgir là, maintenant, dans toute sa force. Qu'est-ce qui l'avait réamorcé ? Peut-être une retrouvaille inconsciente avec une personne connue à l'époque du drame en question. Peut-être aussi quelque chose de beaucoup plus simple comme une odeur, un parfum, un bruit caractéristique, ou même un accord de musique très précis. Cela peut suffire. Il s'agit de tirer sur le "bon fil" au bon moment, d'appuyer sur le "bon bouton" et le réflexe ancestral reprend le dessus, exactement comme si la vie ne s'était pas arrêtée, n'avait pas connu le repos de la mort. Dans un tel cas, le ressort est encore tellement remonté, la batterie tellement chargée que le corps et les mécanismes psychologiques qui le régissent continuent sur leur lancée.

De l'akasha condensé

On m'interroge souvent quant à la précision des images contenues, je devrais dire stockées, dans l'aura causale. On se demande comment *quelque chose* en nous peut, avec une telle fidélité, tout emmagasiner puis tout resservir. Nous avons déjà parlé de l'atome-germe en comparant celui-ci à une banque de données informatiques. Cela, pourtant, ne nous dit pas de quoi est fait cet atome.

Disons que celui-ci s'est constitué autour d'un noyau, un peu comme une cellule. Ce noyau représente l'aspect primordial de ce que l'on appelle classiquement l'Étincelle divine. C'est le germe au coeur du germe. Autour de lui viennent ensuite s'enrouler, tel le fil d'une pelote de laine, les milliards de milliards d'informations qui se succèdent de vie en vie. Cependant, de la même façon que sur une pelote de laine quelques brins dépassent et que certains points présentent des noeuds, il existe dans la boule, ou sur le serpentin de nos informations, des aspérités, des reliefs générés par nos accidents de parcours.

Quel est maintenant le matériau constituant cet atome-germe si, toutefois, on peut hasarder un semblable terme ? Les Orientaux l'appellent *akasha*. Il s'agit, en fait, d'un des éléments fondamentaux de la nature de notre univers. Je dirais même que c'est son élément fondamental. *Tout*, en réalité, baigne dans l'akasha. Ce dernier est l'élément formateur et nourricier de la totalité de ce qui existe, subtilement ou concrètement.

Imaginez que l'espace dans lequel nous nous déplaçons soit semblable à une cire très, très molle s'imprégnant de la forme de nos moindres actes et de tout ce que nous produisons sous quelqu'énergie que ce soit et nous aurons une autre petite idée de l'akasha. C'est un océan mémoriel et nutritif. Une plaque sensible absolue. Le noyau de l'atome-germe peut, en définitive, se comparer à un *condensé d'akasha*, d'où sa puissance. Cela dépasse, bien sûr, de très loin notre imagination, nos capacités de conceptualisation et j'ai conscience que je n'ai pu, faute de mieux pour en parler, qu'utiliser des expressions grossières et extrêmement approximatives.

La fidélité de la mémoire causale est si parfaite qu'elle emmagasine et restitue *toutes* nos perceptions sensitives et non pas simplement celles de la vue et de l'ouïe. Combien de personnes, au cours d'une incursion dans une mémoire ancienne, n'ont-elles pas été frappées par le souvenir du contact avec les courbes d'un corps, la texture d'une étoffe ou encore le parfum d'une épice ?

Une lecture d'aura causale, disons-le cependant, fournit rarement des détails au-delà des perceptions visuelles et auditives car il s'agit là, ne l'oublions pas, de la réception d'une mémoire extérieure à soi. Par contre, lorsque la lecture est particulièrement claire, on y capte néanmoins des impressions qu'on ne peut s'empêcher de traduire par des mots en rapport avec tous nos organes des sens.

Les classiques

L'un des types de phobie qui reviennent régulièrement dans le cadre d'une investigation causale concerne l'élément eau. Le thème de la noyade réapparaît continuellement. Il ne faudra pas, bien sûr, en conclure que toutes les craintes de l'eau soient attribuables à une origine karmique. Nombre d'entre elles sont bel et bien liées à l'existence présente, notamment à la période intra-utérine. J'ai déjà évoqué les dangers de la systématisation et j'y reviendrai encore plus abondamment dans ce que j'appellerai "les faux scénarios".

La peur maladive des couteaux, des pointes acérées et, en général, des armes blanches est, de la même façon, assez souvent repérable quant à sa source, dans le rayonnement causal. Elle fait partie des "classiques". Le terme "classique" ne doit pourtant pas laisser croire que l'on en vienne à bout plus facilement. Pourquoi ? Parce que de tels scénarios sont parfois tellement pressentis par les personnes souffrant de phobies que leur mise en évidence, même précise, ne crée plus de surprise, plus de découverte. Le mental s'étant préparé depuis longtemps, on ne peut espérer presque aucune action de sa part dans le processus de désamorçage du problème.

La phobie de Cécile

Il y a quelques années, je reçus une jeune femme nommée Cécile. Grande, très brune et assez jolie de sa personne, elle semblait être le type même de la femme sûre d'elle-même et parfaitement autonome. Le fait est qu'elle avait la charge de tout un service juridique au sein d'une importante Administration et qu'elle avait l'habitude de prendre des responsabilités. Elle réunissait apparemment beaucoup d'atouts pour être heureuse et n'offrait vraiment pas le profil de ce que l'on appelle communément une "victime de la vie". Sa santé était excellente si ce n'est que… Si ce n'est que Cécile éprouvait très vite un sentiment de peur intense dès qu'elle se trouvait seule dans un lieu. Elle m'apprit qu'elle était célibataire et qu'elle vivait, de ce fait, de réels instants de panique dans son appartement. Elle sortait donc de chez elle le plus possible, y invitait sans cesse et en quantité des amis, puis se noyait dans une foule d'activités qui finissaient par l'épuiser et pour lesquelles elle n'avait pas d'autre motivation que celle de fuir sa peur maladive.

Bien sûr, on s'en doute, elle avait consulté des psychologues, des psychiatres même et entrepris des thérapies multiples. Selon ses dires, cela l'avait un peu aidée sur le moment mais sa phobie avait toujours fini par reprendre le dessus. Elle en était venue à des prises régulières de calmants et perdait, de ce fait aussi, peu à peu l'estime d'elle-même.

Lorsqu'elle vint me voir, Cécile m'annonça tout de suite qu'elle ne savait que penser des vies antérieures. Elle n'excluait pas la possibilité de leur réalité mais, à vrai dire, elle n'avait pas réellement entamé de réflexion à ce propos. Elle se montrait seulement ouverte et se disait : « Pourquoi pas ? » mais guère plus. L'existence de l'aura humaine, par contre, lui paraissait évidente. Elle n'avait de toutes façons, me confia-t-elle, plus grand chose à perdre tant sa vie était devenue une angoisse permanente face à la solitude.

- N'avez-vous jamais eu de compagnon ? lui ai-je demandé dans l'élan de notre conversation.

- Oui, quelques-uns même... Cependant, cela ne dure jamais. On dirait qu'une partie de moi s'arrange pour que ce soit d'emblée un échec à un moment donné. C'est toujours le même scénario comme s'il fallait que je me reprogramme cette solitude infernale. Mais ce n'est pas le célibat qui m'angoisse, c'est bien le fait de me retrouver seule dans un lieu clos, avec moi-même, entre quatre murs... ou dans une voiture sur une longue route. Cela va jusque là, voyez-vous !

La lecture de l'aura de Cécile débuta donc sur ces bases d'information, c'est-à-dire sur un terrain, somme toute, très mouvant. Par chance, ou plutôt parce que c'était le moment, tout fonctionna très bien.

L'aura causale de Cécile me délivra, au bout d'une dizaine de minutes, des images de la ville de Venise.

- Nous sommes au XVIème ou peut-être au XVIIème siècle, je ne sais trop. Je vois une multitude de ruelles et des canaux encombrés de gondoles. Tout cela grouille de monde. Les gens semblent très affairés, plutôt gais... L'ambiance générale est celle d'une grande superficialité. Il y a beaucoup de richesses, très ostensibles, provocantes.

Mon regard, qui se promène entre les canaux, franchit des petits ponts derrière un groupe de femmes excessivement bruyantes. Nous montons des escaliers, en descendons d'autres...

Voilà maintenant la façade d'un immeuble somptueux donnant sur le canal. Elle est ciselée et peinte comme celle d'un palais privé. Les femmes y pénètrent toutes ensemble par une petite porte chargée de ferrures. Mon regard se mêle à celui de l'une d'elles, plus jeune que les autres sans doute, plus pétillante en tout cas, et qui porte une ample robe d'un vert profond rehaussé d'or...

La scène s'efface brutalement. C'est une autre qui la remplace. Nous sommes dans le palais cette fois-ci, ou du moins dans un édifice analogue. Il y a là un mélange de luxe et de laisser-aller, des tentures aux teintes surannées, des bois ouvragés et des vieilles dorures. Au milieu de tout cela, une dizaine de femmes et d'hommes un verre à la main et dans des attitudes suggestives. La salle est bruyante, il y a beaucoup d'allers et venues, un chien jappe quelque part... La jeune femme à la robe verte est bien là, sur un large fauteuil en compagnie d'un homme qui se montre pressant. À mes yeux, il n'y a pas d'équivo-

que, nous sommes dans une sorte de maison close pour gens fortunés et la jeune femme en question est ce que l'on appelle une courtisane.

Les scènes, maintenant, se succèdent à une grande vitesse, comme celles que l'on nous montre souvent dans certains montages, au cinéma. Elles viennent éclater devant mon regard puis disparaissent aussitôt, à la mesure des émotions et des pulsions qui les ont gravées dans le temps. C'est toujours, ou presque, le même homme qui apparaît en compagnie de la jeune femme. Les toilettes changent, il y a plus ou moins d'intimité mais l'atmosphère est toujours aussi bruyante et trouble. L'homme est adipeux, il a l'allure d'un bourgeois - peut-être d'un négociant - en quête de sensations et qui monnaye tout. J'essaie de ne pas projeter d'interprétations personnelles, mais tout est tellement parlant et il me semble que je sais les choses avec tous les non-dits qui se dissimulent derrière elles...

Une personnalité qui se rebelle

Brusquement, la lecture s'est interrompue. Je me souviens avoir vu l'aura de Cécile se replier dans son intégralité. Cela ne convenait pas à Cécile. L'histoire qui venait d'être soulevée lui déplaisait même foncièrement. Le malaise se lisait sur son visage; tout son corps était tendu et son âme se rebellait. Elle demanda aussitôt à quitter l'écran du mur et à s'asseoir. Nous discutâmes pendant un bon moment. En essayant de retrouver la pleine maîtrise d'elle-même, Cécile m'affirma alors avec insistance que tout cela ne lui parlait pas, qu'elle ne pouvait pas se reconnaître dans un tel schéma et que, décidément,

60

nous devions être sur une mauvaise piste. Peut-être avais-je capté quelque chose qui ne lui appartenait pas ? En fait, sa réaction était tellement épidermique qu'elle révélait, malgré tout, un trouble profond et bavard à sa façon.

Devant un semblable cas, il n'est évidemment jamais question d'insister. Cécile, pourtant, désirait vraiment comprendre et nous convînmes d'une autre rencontre, un mois plus tard dans l'espoir d'une nouvelle ouverture de sa mémoire profonde. C'est, par bonheur, ce qui arriva… mais nous plongeâmes, malgré les a priori de Cécile, dans la même histoire vénitienne.

Le noeud se desserre

- Le décor a complètement changé. Nous nous trouvons toujours à Venise, mais le cadre est celui d'une sorte de cave, en tout cas d'une pièce très peu éclairée, sans doute au ras de l'eau. Il y a un peu de mobilier et on peut y vivre, cependant les quelques tentures que je vois suspendues aux murs de pierre respirent l'humidité.

La même jeune femme attend sur un fauteuil, dans un coin. Elle porte une robe pourpre. Qu'attend-t-elle ? Je ne le sais pas. Je remarque seulement qu'elle est livide, que ses yeux sont cernés et qu'elle paraît au bord de l'épuisement physique et nerveux.

Un bruit de serrure se fait entendre. La jeune femme sursaute. Un homme vient d'entrer, il referme la porte à clé derrière lui puis marche d'un pas lourd vers le fauteuil et son occupante. J'entends maintenant des éclats de voix mêlés de sanglots. La jeune femme à la robe pourpre s'est jetée aux pieds de l'homme dans lequel je reconnais

distinctement le bourgeois adipeux de la précédente lec-
ture.

    Six mois qu'elle est là, dit-elle, peut-être plus, elle ne
le sait pas au juste. Six mois qu'elle est sa prisonnière et
qu'elle le prie de la laisser partir... Mais l'homme est un
malade, un névrosé. Les lueurs troubles de son regard et
son faux sourire le trahissent avec éloquence. Il veut
qu'elle dise oui, qu'elle l'épouse. Il affirme qu'il ne peut
vivre sans elle, qu'il peut lui donner tout ce qu'elle dési-
re... Alors, elle sera libre ! Pourquoi ne comprend-elle
pas qu'il veut son bonheur et qu'il l'aime ? Il peut tout lui
donner ! N'est-elle pas stupide ? L'homme tourne les ta-
lons avec colère, sort de la pièce puis actionne à nouveau
la clé dans la serrure.

    D'autres images défilent maintenant, comme des "fla-
shes", toujours à peu près identiques... La même pièce
ressemblant à une cellule, les mêmes personnages. Il veut
l'étreindre, elle le repousse, alors il devient violent et ce
sont des pleurs des deux côtés, enfin l'épuisement...

La lecture s'interrompit là, d'un coup. Un rideau se
referma sur l'aura de Cécile pour couper court à l'évocation d'un passé trop douloureux. Cécile, quant à elle,
s'assit doucement sur le sol pour me parler. Ce n'était
plus tout à fait la même personne qu'un mois auparavant.
Elle voulait vraiment faire le point en passant au-delà
d'une fierté qui avait d'abord été blessée. Je n'eus pas
besoin d'expliciter réellement ma lecture. Non seulement
les choses lui paraissaient assez claires mais elle acceptait
la possible réalité de ce passé dont le souvenir inconscient
la poursuivait. Ses difficultés relationnelles avec les hommes, sa peur maladive de se retrouver seule dans un lieu

clos, tout prenait un sens. Elle se voyait en possession d'outils précis et plausibles pour commencer à déprogrammer son fonctionnement douloureux. Il y eut un moment d'émotion, puis Cécile prit congé de moi.

Je n'eus plus de ses nouvelles avant deux ans. J'en obtins enfin par l'intermédiaire de l'une de ses amies rencontrée incidemment.

Cécile, me dit-elle, était venue à bout de sa phobie. Ses progrès avaient été lents au départ mais le sentier qui s'était déblayé en elle était devenu un véritable chemin. Il était passé par son acceptation complète d'une réalité occultée et par sa volonté à se dire quelque chose comme : « Maintenant, il n'y a plus de raison... ».

L'instrument que procure une information, derrière l'électrochoc qu'il lui arrive de provoquer et les perspectives qu'il ouvre généralement, ne sera jamais plus qu'un instrument si l'artisan qui en hérite se contente de le regarder.

Chapitre 5

Verrouillages et niveaux de conscience

Après les pourquoi, il y a toujours les comment sur lesquels on vient me questionner. Comment vit-on cela ? Comment les personnes qui font l'objet d'une analyse d'aura causale réagissent-elles en général, face au phénomène ? Tout d'abord, pendant son déroulement éprouvent-elles quelque chose ?

Pour répondre à ces interrogations, je dirai simplement que l'attitude ou les réactions de chacun sont conditionnées par deux éléments : son ouverture d'esprit et la profondeur du verrouillage de sa mémoire. L'un n'impliquant pas nécessairement l'autre.

L'ouverture d'esprit

Évidemment, on peut dire d'emblée que le fait de se soumettre à une lecture d'aura causale est déjà le signe obligatoire d'une certaine ouverture d'esprit. Pourtant, il m'est apparu, à de multiples reprises, que certaines personnes ont, en fait, l'esprit plus fermé qu'elles ne le pensent. Ce sont, en général, des personnes qui "savent tout et qui ont tout compris", je veux parler de celles qui ont tout lu, ou presque, dans ce domaine et qui sont convaincues qu'il ne leur manque plus qu'une information de type karmique pour vraiment accomplir un pas décisif dans leur évolution.

Si ce n'est que... Si ce n'est que l'information en question, cela saute aux yeux, doit nécessairement aller dans le "sens du poil" de leur personnalité et de leurs aspirations ! Je veux dire que ces personnes-là n'acceptent pas, au fond d'elles-mêmes, de voir ressurgir des situations ou des attitudes du passé peu flatteuses, même si celles-ci peuvent leur présenter une clé en rapport avec leur difficulté du moment.

Cette qualité d'ouverture d'esprit est, en fait, plus rare qu'on ne l'imagine car les vieux relents de susceptibilité qui vivent encore chez la plupart d'entre nous sont un frein considérable à notre avance, une avance qui passe inévitablement par des phases de délestage, c'est-à-dire d'abandon des fardeaux inutiles.

En fait, l'ouverture d'esprit dont je parle ici, pourrait peut-être s'appeler plus justement *niveau de conscience*. C'est la capacité de voir les choses de haut, de façon élargie, en mettant de côté, le plus possible, les réflexes égotiques et les a priori. Ce niveau de conscience n'a rien à voir avec ce que l'on appelle, de façon classique et globale, l'intelligence et encore moins avec le bagage intellectuel. Il est question ici, non seulement, si je peux m'autoriser cette expression, de *quantité de place libre* dans la conscience, mais aussi de *volonté de faire de la place en soi* pour de nouveaux concepts obligeant à une transformation.

On ne se rend sans doute pas suffisamment compte des conséquences que devraient avoir sur notre vie les notions d'existences antérieures et de réalités causales à partir du moment où on ne les regarde pas simplement comme des théories métaphysiques intéressantes ou séduisantes. Le fait de les intégrer change tout, en effet. Cela implique un bouleversement des valeurs qui est de nature à réorienter de façon radicale toute une vie. Bien sûr, reste à savoir si, en se penchant sur la question, à la suite par exemple d'un problème de santé, on peut envisager ou non la nécessité de devoir se transformer.

Le verrouillage

De façon imagée, on pourrait dire que nos mémoires sont disposées en couches superposées comme dans le cas de la pâte feuilletée d'une galette des rois. Certaines strates affleurent la surface tandis que d'autres sont évidemment beaucoup plus enfouies, bien à l'ombre dans nos profondeurs inconscientes. La fève de la galette représente, on s'en doute, notre Étincelle divine, notre Soi immuable, pur comme le diamant et qu'aucun parasitage ne peut donc ternir. En mangeant le gâteau c'est cette réalité ultime, la Vie, que nous tentons de contacter. Les Chrétiens diront qu'elle correspond au Christ intérieur et que la maladie ou l'épreuve, à plus forte raison si celles-ci ont une origine lointaine, sont alors des occasions ou des prétextes pour entreprendre un voyage libérateur, de couche en couche, au-dedans de soi.

67

Les verrouillages successifs auxquels on peut être confronté sont, d'après mes observations, de plusieurs natures, la plus commune étant la peur. La peur est incontestablement, hormis le facteur de mémorisation déjà mis en évidence, un important moteur de blocage. Elle fait se raidir la personnalité, souvent à son propre insu. Elle peut se manifester de cent façons différentes, n'étant jamais à cours de subterfuges et s'opposant souvent à la volonté consciente de celui qui veut y voir clair.

Ainsi, il m'est arrivé fréquemment de recevoir des personnes pour une lecture causale et de me trouver dans l'impossibilité de les analyser tranquillement cinq minutes d'affilée, les personnes en question étant prises, par exemple, de douloureux maux de ventre.

La plupart du temps, on s'imagine que c'est la lourdeur du bagage qui se tient à l'origine d'un important verrouillage de mémoire. C'est loin d'être toujours vrai. Le plus grand nombre d'événements mis à jour et qui ont une incidence karmique sont, en vérité, de bien petits événements. Ils n'ont rien des grands drames spectaculaires que l'on se représente parfois et dont, quelque part en nous, on pourrait se flatter de les avoir vécus. Tout le monde n'a pas subi une décapitation en place publique ou n'a pas connu une mort lente, enfermé vivant dans un tombeau de l'Égypte antique. De telles mémoires, bien sûr, existent mais elles demeurent le lot d'une minorité et ce ne sont pas nécessairement elles qui ressurgissent.

La majorité des blessures qui occasionnent des blocages sont, à mon sens, essentiellement des blessures au niveau du cœur, des blessures d'amour, celles d'un amour non partagé, bafoué, humilié qui mènent à un non-amour de soi... ou qui en partent. Ce sont des blessures de l'âme provoquant, par répercussion, des blessures du corps et le repli de ce dernier sous de multiples formes, par réflexe d'autopunition ou d'autoprotection.

Le verrouillage de la mémoire n'apparaît pas nécessairement dès le début de la lecture, comme pour empêcher l'intégralité de celle-ci. Il peut se manifester soudainement, au moment où on ne s'y attend pas, au beau milieu du travail, ainsi que le montrait le cas de Cécile évoqué précédemment. C'est alors comme si un mécanisme subtil, la plupart du temps incontrôlé, disait en quelque sorte : « Stop ! Cela suffit, j'en ai assez entendu. » ou encore : « Non, maintenant cela va certainement faire trop mal, il y aura trop d'implications… »

On conçoit que ce réflexe de repli provoque une déception chez celui ou celle qui se prête à l'expérience puisqu'il s'agit d'une censure qui va à l'encontre de sa démarche volontaire. Beaucoup me disent alors : « C'est donc bien grave puisqu'une part de moi ne veut pas savoir. » Eh bien non, fort heureusement, la plupart du temps ce n'est pas le cas. Ce n'est certainement pas parce qu'une aura causale se replie qu'on se trouve forcément face à une horreur !

Les événements simples et classiques que la vie place sur notre chemin et qui nous mettent parfois dans une situation difficile suffisent souvent à faire de nous des êtres souffrants et dépendants d'une blessure mal cicatrisée.

En fait, nous nous créons nos propres prisons. Celles-ci sont toujours à l'exacte dimension du regard que nous posons sur les situations auxquelles nous sommes confrontés. Il s'agit là, bien évidemment, d'une observation banale mais on ne réalise pas forcément ce qu'elle signifie, toutes les implications qu'elle induit et les réactions en chaîne qui peuvent en découler.

Petites causes et grands effets

J'ai particulièrement en mémoire l'histoire de Sylvain venu me consulter pour une mystérieuse douleur au genou qui l'handicapait dans la moindre de ses activités quotidiennes. La mémoire causale qui était rattachée à cette partie de son corps était celle d'un palefrenier malencontreusement blessé par un coup de sabot, au siècle dernier. Accident banal mais qui avait vraisemblablement ancré une amertume puis une colère chez le palefrenier qu'il avait été, condamné à boiter le restant de ses jours.

En parfaite jardinière qui mène toujours jusqu'au bout son travail de labourage, la vie s'ingénia à placer Sylvain dans une situation assez significative. Dans les deux ans qui précédèrent notre rencontre, me confia-t-il après la lecture, il s'était fiancé à une jeune femme dont les parents étaient propriétaires d'une écurie de course. Contraint de vivre de plus en plus dans un contexte où il n'était question que de chevaux et futur époux d'une fanatique d'équitation, il sentit alors assez rapidement des colères incompréhensibles monter en lui, en même temps qu'un agacement face au contexte de vie de ce qui allait devenir sa belle-famille. De mouvements d'humeur en colères incontrôlées, il avait fini par rompre avec sa fiancée. Depuis, m'avoua-t-il, sa destinée semblait lui échapper, il ne se comprenait plus, ne se maîtrisait plus et son problème au genou, qui remontait à l'adolescence, ne faisait qu'empirer.

Ainsi que je l'ai déjà signalé, l'Intelligence de la Vie ne manque jamais de nous replacer dans des circonstances qui nous obligent à affronter une part de nous restée en quelque sorte en chantier. Dans le cas de Sylvain, c'était une colère liée à un contexte précis. Manifestement, il n'avait pas "passé l'examen" puisque la colère en question avait repris le dessus, changeant du même coup toute sa vie affective et sa trajectoire. Était-ce sa fierté d'ancien palefrenier qui avait été malmenée et s'était transformée en un subtil poison ? C'est possible. Nombre d'entre nous supportent mal de ne pas maîtriser un élément précis de leur vie au point de répéter certaines réactions épidermiques de rébellion ou de souffrance. Sur un plan purement symbolique, d'ailleurs, les blessures au genou sont très souvent en rapport avec une fierté ou un orgueil atteints. La première marque de l'humilité n'est-elle pas tradition-nellement représentée par le fait de s'agenouiller ?

Les difficultés tenaces d'ordre purement psychologi-ques sont aussi souvent issues de la catégorie "petites cau-ses donnant de grands effets". Ainsi, je rencontre fréquemment des personnes très handicapées par une ins-tabilité affective et un manque total de confiance en elles. Lorsque leur aura causale autorise une lecture du passé, on se rend presque toujours compte qu'aucun événement particulier n'est responsable de la situation. Les person-nes en question se sont simplement mises à répéter, je devrais dire à bégayer, des situations et des réactions ana-logues pendant plusieurs existences consécutives. La plu-part du temps, ce sont des scénarios de mariages obligés, de mésententes, de ruptures douloureuses, de frustrations affectives ou sexuelles, bref tout ce qui constitue les mille choses de l'existence qui s'accumulent et que l'on ne parvient pas à régler. Et régler, dans ce cas-là, cela signifie toujours pacifier, réconcilier.

Notre société nous éduque dans le sens de la combativité et de la performance à atteindre. Cependant, lorsque l'on développe un regard permettant d'avoir une vue d'ensemble sur une longue période ou mieux, sur un enchaînement de plusieurs vies, on s'aperçoit toujours que l'attitude du combattant ne sème pas autre chose que la guerre. Ultimement, d'ailleurs, je me suis sans cesse rendu compte qu'au-delà des luttes livrées à autrui ou à un ensemble de circonstances, cela aboutit à une guerre contre soi. On pourrait parler d'intoxication de la conscience profonde, avec toutes les répercussions que ce mal engendre dans le temps au niveau de la mémoire cellulaire. Le semeur est invariablement le récoltant. Sans tomber dans l'absurdité qui consisterait à assimiler chaque obstacle ou chaque souffrance de la vie à une *dette karmique* à régler, comprenons qu'il s'agit d'une loi de base établissant un schéma d'équité absolue[1]. Par définition, le Temps n'est pas pressé. Ce à quoi nous pourrions penser échapper, par manque de courage ou parce que l'on se croit plus rusé ou plus fort, nous rattrape invariablement dans une existence ou dans une autre... et c'est parfait comme cela !

Des réactions physiques

Revenons-en maintenant aux réactions éprouvées dans le cadre d'une recherche karmique au niveau de l'aura. En dehors de son attitude exclusivement psychologique,

---

[1] Voir le chapitre relatif au Karma, page 129 .

celui qui se prête à l'expérience ressent-il quelque chose ? C'est fréquent mais on ne peut pas, loin de là, en faire une constante. Les perceptions d'ordre physique sont, de toutes façons, limitées. Elles vont du léger vertige à la transpiration abondante. Il m'est cependant arrivé de recevoir des personnes qui éprouvaient, au contraire, un froid intense. Toutes ces sensations, parfois opposées donc, sont liées au mouvement de l'Énergie de vie - *le prâna* - à l'intérieur de l'organisme. Les causes en sont simples.

Tout d'abord, on conçoit facilement qu'une petite émotion puisse accompagner une lecture de l'aura, a fortiori dans le domaine causal. C'est logique, il ne s'agit pas de quelque chose d'anodin puisque l'on plonge dans l'intimité de l'être.

Ensuite, il est certain que lorsqu'une mémoire est soulevée, remuée, évoquée en détails, elle touche la personne dans ses profondeurs, même à son insu, même si le "souvenir", et c'est souvent le cas, ne lui dit rien. Quelque chose, au coeur de l'être, reconnaît toujours ce qui l'atteint. C'est pour cette raison que la circulation du prâna peut subir quelques modifications momentanées, induisant, par exemple, une sensation de chaleur ou de froid.

Quant à la perception d'un léger vertige, elle est causée par un réflexe du corps émotionnel qui appréhende une réalité éventuellement dérangeante et qui veut, par conséquent, prendre la fuite. Au cours d'un grand nombre d'analyses de l'aura, j'ai personnellement vu ce mouvement de fuite esquissé par tout l'organisme émotionnel ou astral. Généralement, cette tentative de dégagement, qui ne reste jamais qu'une tentative, s'accompagne de petits mouvements du corps d'avant en arrière. Si cela devient trop pénible et que cela fait peur, on fait une pause puis on recommence.

Les données

Prenons maintenant le cas d'une personne se trouvant soudainement en possession d'un scénario qui aurait été celui de l'une de ses existences antérieures. Que va-t-elle faire d'un tel bagage ? A-t-elle d'emblée, par ce seul fait, une porte de sortie au problème qui a motivé sa recherche ?

Cela arrive, ainsi que l'illustre, par exemple, le cas de Cathy cité en début d'ouvrage mais on ne peut certainement pas en faire une généralité. Pourquoi ? Parce qu'en utilisant la méthode de la lecture d'aura, on fait un travail "à froid". J'emploie ce terme par opposition aux revécus, la plupart du temps très émotionnels, suscités au moyen des méthodes classiques de régression. En fait, on l'a déjà compris, l'analyse du rayonnement causal ne déclenche pas de revécu, sauf cas exceptionnel lorsque la mémoire est à fleur d'âme. Le décryptage de l'aura œuvre donc essentiellement par l'intermédiaire d'une prise de conscience. C'est une méthode douce par excellence car elle ne provoque jamais de secousse digne de ce nom. Elle impose un recul, une distanciation. C'est d'ailleurs cette particularité qui permet à la personne concernée de conserver son entière autonomie et sa responsabilité. Cette dernière a des données entre les mains avec lesquelles elle va - ou non - décider d'entreprendre consciemment une transformation. L'énoncé de l'origine du problème joue alors le rôle d'un déclic non négligeable pour engager le processus de désamorçage recherché. C'est aussi le fil sur lequel il va falloir tirer doucement afin de dénouer l'écheveau, ou parfois le sac de noeuds, au centre duquel la conscience puis le corps se sont emmêlés. Dans ce cas, il s'agit d'avantage d'une piste à suivre que d'un électrochoc.

Un retour à la responsabilité

Les données que propose une investigation causale seront donc toujours à manier comme un instrument et non pas comme une pilule, un remède miracle qui délivrerait l'individu du jour au lendemain. De telles données mettent d'abord en évidence la responsabilité de chacun. Il s'agit d'un miroir qui dit très simplement : « Tu as été dans telle circonstance, tu as réagi de telle façon, ta difficulté porte tel nom, elle met en jeu tel aspect de ta personnalité, tel réflexe peut-être. Voici maintenant ce qu'il faut travailler, modifier, améliorer. À toi de savoir ce que tu entends réellement faire pour interrompre le processus enclenché et retrouver un plein équilibre. » Par conséquent, c'est un miroir qui élimine le réflexe de passivité lequel, dans notre société, est trop souvent ancré chez celui qui souffre de quelque chose. Si la démarche est bien comprise, elle ne donne aucune prise à la tendance générale à ce que j'appelle la *victimisation*.

Tous les exemples que je me suis appliqué à évoquer dans ces pages nous montrent assez bien, je crois, à quel point nous sommes les artisans de ce qui nous arrive. *Nous n'attrapons pas une maladie, nous tissons les circonstances par lesquelles le désordre s'installe en nous.* En d'autres termes nous la rendons possible, nous la fabriquons, que ce soit dans cette existence ou dans une autre.

Il est aisé de comprendre que cette vision des choses ne fait pas l'affaire de tout le monde car, en nous obligeant à être plus conscients, elle nous rend plus adultes. Tous les pas vers une plus grande lucidité et donc vers davantage de vérité demandent un élan de courage. C'est là que peut se trouver la pierre d'achoppement dans le processus d'une guérison recherchée. On en revient toujours à l'importance capitale d'une *volonté de regard différent* à poser sur ses attitudes et ses réflexes. Cela met aussi en évidence l'aspect fondamental de notre univers mental et émotionnel dans le maintien de cet équilibre que l'on appelle santé.

Psychosomatique et génétique

Personne, évidemment, n'est en désaccord avec cette dernière constatation. Elle est presque un lieu commun, à tel point qu'elle a fait naître la notion de maladie psychosomatique. À la lumière de mon vécu, je n'hésiterai pas, quant à moi, à affirmer que l'immense majorité des maladies sont justement d'origine psychosomatique. Les faiblesses de nos organes, les comportements de nos glandes et cent autres choses venant à troubler notre métabolisme sont, la plupart du temps, les conséquences de notre état d'être et, d'une manière plus générale, de notre rapport à la vie.

À cette affirmation on opposera, bien sûr, l'argument du bagage génétique, notre prédisposition naturelle à telle ou telle difficulté de santé. S'en tenir à la considération génétique, c'est cependant s'arrêter en cours de chemin.

C'est conclure que la naissance de chacun d'entre nous au sein d'une famille plutôt que d'une autre est l'effet d'un pur hasard, c'est nier l'existence de ce que l'on appelle globalement l'âme et l'évolution de celle-ci à travers les temps. C'est aussi, en d'autres termes, limiter la vie à un ensemble de combinaisons chimiques stimulées par quelques impulsions électriques. On pourrait objecter que c'est, à la base, une affaire de philosophie ou, plus simplement, de conviction. Ma position n'est pourtant pas celle d'un philosophe. Elle n'est pas non plus celle d'un ésotériste convaincu de certaines théories métaphysiques. Elle est seulement celle d'un témoin et d'un expérimentateur. Pardon pour ce dernier terme qui est, je le reconnais volontiers, un peu froid dans un semblable contexte !

Dans mon cas, il ne s'agit pas de croire comme par conditionnement en la réalité des corps subtils, de l'âme ou de l'esprit, même si la foi aveugle peut avoir quelque chose de beau et de respectable. Je vis certains phénomènes, j'en observe d'autres, en très grand nombre, et c'est fort de ces observations, de ces constatations que j'en déduis ce que vous trouvez au fil de ces pages.

Cellules rebelles

Derrière la nécessité d'une prise de conscience dans le processus du rétablissement de la santé ressurgit, néanmoins, un élément de poids que nous avons déjà largement mis en évidence, c'est celui de la mémoire cellulaire. En effet, force m'est de rappeler que le travail accompli sur soi-même est parfois sérieusement freiné par cette fameuse mémoire. Le corps humain s'acharne, plus souvent qu'à son tour, à répéter une même phrase, un même motif, comme un disque rayé, malgré le pas en avant que peut avoir accompli la conscience. Le sillon de la mémoire s'annonce, de temps en temps, réellement profond et c'est alors le corps qui s'acharne à vouloir dicter la loi de sa blessure. À ce moment-là, c'est la porte ouverte au découragement puis, éventuellement, au rejet de toute démarche intérieure. Notre corps peut donc se mettre à fonctionner comme une automobile déréglée qui s'emballe, qui continue sur sa lancée vers un mur et dont le volant ou les freins semblent échapper à tout contrôle.

Telle est la réalité que me permirent de mieux comprendre de nombreux cas dont celui de Céline qui souffrait d'une maigreur vraiment dramatique. Elle aussi, à l'image de la plupart de ceux que je rencontre dans ce contexte, avait suivi toutes les thérapies possibles. Lorsqu'elle vint me consulter, elle était dans un état difficile à concevoir. À vrai dire, elle ne souffrait pas d'anorexie. Elle mangeait peu, certes, mais régulièrement et sans entretenir de rapport difficile à la nourriture. On aurait simplement dit qu'elle avait été bâtie selon un schéma de maigreur squelettique et cela depuis le départ puisque le problème datait de son enfance. Elle avait, m'annonça-t-elle, déjà entrepris une recherche au niveau des vies antérieures au moyen d'une méthode faisant entrer le patient dans un état hypnoïde. Selon ses dires, cela avait été concluant. Pendant quelques minutes, elle avait revécu une mort lente dans un camp de concentration en Pologne, durant la dernière guerre. Cette révélation lui semblait plausible mais comme la régression n'avait en rien modifié le comportement de son corps, elle voulait chercher encore, soit avoir confirmation de son revécu par une autre méthode, soit éventuellement découvrir un élément supplémentaire de son passé. Finalement, les images qui défilèrent sur l'écran de son aura allèrent dans le sens de la confirmation de ce que Céline savait déjà. Inutile de décrire les scènes que je découvris, chacun peut facilement se les représenter.

La conscience de Céline avait été comme profondément imprégnée par le principe même de la maigreur squelettique.

Celui-ci était devenu son cadre de fonctionnement inévitable, sa référence. Il répondait à une sorte de fatalité qui avait conditionné le programme désormais retransmis à ses cellules, un programme contenant un véritable "virus", celui de la maigreur.

Une discussion approfondie avec Céline et une analyse poussée de son aura me prouvèrent cependant clairement qu'elle n'était en guerre contre personne et qu'elle n'avait pas plus de difficultés existentielles que la majorité d'entre nous.

Elle menait une vie assez équilibrée, souffrant seulement de la fragilité de son corps et de son esthétique, de ce fait, peu attirante. C'était parfaitement compréhensible et il ne me semblait pas possible de dire qu'elle était, selon l'expression consacrée, une "personne à problèmes". Elle admettait son passé, elle avait manifestement acquis une réelle distanciation émotionnelle par rapport à lui et n'était habitée par aucune rancoeur.

Tout cela nous amena naturellement à parler de l'autonomie qu'acquièrent parfois nos cellules lorsqu'elles ont été vraiment "marquées au fer rouge" par un puissant contexte émotionnel, affectif et mental. Celles du corps de Céline avaient été polarisées au moyen d'un ressort énergétique dont il fallait vraisemblablement attendre qu'il s'épuise de lui-même, peut-être quelques mois, quelques années encore... ou la vie entière, histoire de tout laver, de vider la mémoire cellulaire de son réflexe.

Que faire alors ? L'expérience me pousse à dire que dans les cas extrêmes, comme celui que je viens d'évoquer par exemple, rien ne sert d'entrer dans une attitude de révolte, que ce soit contre le monde entier ou contre cette partie de soi-même qui s'avère rebelle à la modification tant souhaitée. Tout combat appelle une résistance puisque, par sa seule existence, il désigne ouvertement un ennemi. Une telle constatation, cependant, ne signifie aucunement qu'il ne faille rien faire. Elle m'amène plutôt à affirmer qu'il faut entamer *quelque chose pour...* afin d'éviter d'entrer *dans une lutte contre...*

C'est là, précisément, où la notion d'amour peut prendre toute sa valeur et sa dimension. Ainsi, le rapport que l'on entretient avec soi lors d'une maladie, d'un trouble ou d'un handicap me semble-t-il être un facteur déterminant dans l'évolution de notre vie.

Le problème originel est toujours celui du manque d'amour. Une cellule, à l'image d'un être à part entière, emmagasine, entretient et reproduit une souffrance en raison d'un vide affectif. L'amour est semblable à une gomme à effacer doublée d'une onction réparatrice. Il est ultimement *le* réconciliateur.

La véritable solution à toute difficulté solidement chevillée à l'être réside donc, à mon avis, dans le type de regard que l'on pose sur la difficulté en question. Ainsi, le regard aimant est-il la réponse. Il s'agit là d'une disposition d'esprit que certains manifestent spontanément mais qui peut aussi s'apprendre, n'en doutons pas. Un regard cela s'éduque, cela se cultive. Le regard sur le monde et le contexte dans lequel on a vu le jour et qui avait sa raison d'être, enfin le regard sur soi. Un regard déconditionné, libéré de ses habitudes de jugement, qui ne soit plus acéré mais fasse l'apprentissage de la tendresse. On croit souvent qu'une telle constatation n'est jamais qu'un tissu de belles paroles n'ayant pas d'autre finalité que de contourner le problème. Il n'en est rien. Notre être, jusque dans ses replis intimes, se montre infiniment malléable. Il est avant tout perméable à la réalité que vit notre âme. Dès que l'on se met à accepter notre corps tel qu'il est, même avec sa maladie ou son handicap, on redistribue les cartes avec lesquelles il joue le jeu de la vie. On a alors toutes les chances de voir la maladie ou le handicap en question régresser jusqu'à devenir parfaitement acceptables, acceptés et même guéris.

Certains sont peut-être étonnés, voire choqués, de m'entendre parler des cellules d'un corps en tant qu'*êtres à part entière*. Vingt-cinq années d'observations, de recherches et d'expériences dans l'univers du subtil comme du dense me poussent cependant à affirmer haut et fort qu'une conscience digne de ce nom habite, maintient en vie et fait évoluer *absolument tout* ce qui existe. Une cellule, un atome même et ce qui constitue l'atome, manifestent des états de conscience en évolution sur lesquels il nous est donné entière liberté d'intervenir. Une telle constatation permet dès lors de mieux comprendre ce que signifie le *niveau vibratoire d'un corps*.

Il n'est pas question dans le domaine de la maladie, que celle-ci soit d'origine karmique ou non d'ailleurs, de développer simplement une philosophie. Il s'agit plutôt de modifier très concrètement des habitudes de vie, de relation avec soi et les autres.

C'est sur des paroles équivalentes à celles-ci que Céline et moi conclûmes notre rencontre. Depuis, il m'est arrivé de revoir Céline à deux reprises. Elle était toujours d'une grande maigreur. Pourtant, quelque chose avait changé en elle. Sa maigreur ne dégageait plus une onde maladive. Les traits de son visage étaient indéniablement plus pleins, ses yeux avaient acquis un éclat beaucoup plus lumineux et surtout elle paraissait se déplacer dans la vie avec infiniment plus d'aisance.

Elle avait vraiment réussi à entamer une réforme radicale du regard qu'elle portait sur son corps. Elle nourrissait celui-ci et ses cellules d'une réelle considération mêlée de tendresse et d'amour. C'était cela qui creusait la différence. Céline avait opté pour une acceptation non pas passive mais active.

Je lui ai, bien sûr, demandé si elle s'était aidée de quelque chose pour aussi bien incarner l'attitude idéale que nous avions évoquée ensemble.

- C'est assez simple, me dit-elle, je me suis appuyée sur l'audace. Je me suis lancé des défis. D'abord un par mois, puis un toutes les deux semaines et maintenant j'en suis rendue à un par semaine. Ces paris que je me lance m'autorisent petit à petit à me donner une autre image de moi et de ce que je peux faire, non pas *malgré* mais *avec* mon corps, dans la vie en général et avec les autres. Autrefois, par exemple, je n'osais aucune sortie pour aller danser. Je me disais que tous les yeux étaient forcément braqués sur ma maigreur. J'ai donc fait le pari d'aller en discothèque une fois par mois, malgré tout. Sur le plan du travail, je n'adressais la parole à mon patron qu'en cas de nécessité absolue et strictement professionnelle. Mon défi a été de commencer à lui demander si ses vacances avaient été bonnes, où en étaient les études de ses enfants et tout un tas de choses de ce genre, de plus en plus souvent. Bien sûr, cela paraît ridicule de placer l'audace à ce niveau-là mais, pour moi, cela représentait un effort non négligeable. Aujourd'hui, c'est un automatisme qui ne me coûte plus rien et me rend les contacts agréables, le travail plus joyeux. Je dirais que quelque chose, jusque dans mon corps, sourit beaucoup plus à mes collègues. Et puis, ce n'est pas tout...

Ma vie affective, comme vous le savez, ressemblait à un désert. L'image que j'entretenais de ma personne était totalement paralysante à la fois pour moi et pour les autres, j'imagine. Mon plus gros défi a été de changer cela.

J'ai d'abord décidé d'oser adresser la parole à des hommes qui me plaisaient et que je ne connaissais pas. Comme cela, sans motif, juste pour oser et rompre avec une vieille attitude de réserve et de mésestime de moi-même. Je me suis dit : « Qu'as-tu à y perdre ? » En fait, j'avais tout à gagner. Puis, j'ai voulu aller plus loin. J'ai pris les devants avec l'un de mes collègues de travail. Je lui ai donné rendez-vous pour le simple plaisir de boire un café ensemble et de me dire : « Je l'ai fait ». Le rendez-vous entre nous est ensuite devenu une habitude, alors j'ai parié avec une amie qu'à l'issue du café, je prendrais la main de ce collègue. Tout cela s'est terminé deux semaines après, chez moi, de façon plus intime.

Mon amie m'a alors demandé si j'étais amoureuse. Je lui ai dit que non, pas vraiment, que j'éprouvais seulement de l'attirance, de la tendresse.

Jamais, auparavant, je n'aurais fait une chose pareille, vous comprenez ! Bien sûr, on m'avait appris que c'était immoral, que cela ne se faisait pas, surtout pour une femme... Mais ce défi un peu fou m'a tellement aidée ! Je ne dis pas que cela a été facile... J'ai même souvent eu envie de reculer. Cependant, à qui ai-je fait du tort ? Je ne saurais exprimer à quel point cela m'a appris à m'aimer, à quel point aussi mon corps, ma personnalité et même mon âme, j'en suis certaine, ont trouvé un nouvel équilibre à travers toutes ces audaces successives. Alors, j'ai commencé à parcourir autrement ma vie. Je ne la traverse plus, je ne la subis plus car j'ai de plus en plus la sensation de la diriger. Évidemment, je ne ferais pas n'importe quoi pour autant et je ne dis pas que j'ai éliminé tous mes problèmes, mais l'idée que j'ai de moi est si différente !

En fait, Céline avait parfaitement compris, à un moment donné, qu'elle était en train de s'enliser dans une difficulté à laquelle son regard donnait tant d'importance qu'elle allait tout y perdre. Elle était entrée dans une voie sans issue et une seule solution se présentait à elle : la rupture radicale d'avec ses habitudes. Je ne pus que lui dire « bravo » car elle illustrait à elle seule ce que des tonnes de livres essaient souvent de nous démontrer : la force prépondérante de la conscience, des élans du coeur, de la volonté et enfin de la confiance.

Elle avait trouvé sa façon de déprogrammer le handicap de sa maigreur, elle dépassait ainsi ce qui, pour la plupart, aurait été une fatalité.

Chapitre 6

Cas particuliers et histoires doubles

L'un des cas les plus mémorables qu'il m'ait été donné d'étudier est celui de Sandrine. Sandrine était une jeune mère d'à peine vingt-cinq ans. En réalité, elle ne me contactait pas pour elle mais pour son enfant, un bébé de quatorze mois. À compter des premières semaines qui suivirent sa naissance, celui-ci s'était couvert d'eczéma sur tout le corps. Une impressionnante panoplie de thérapies avait été mise en oeuvre, bien sûr, tous les régimes alimentaires aussi, mais sans réel succès. Après chaque légère accalmie, la maladie de peau recommençait de plus belle à tel point que le corps du bébé n'était plus qu'une plaie, selon les dires de sa mère.

Le bébé de Sandrine

Tout d'abord, je ne me suis pas réellement senti concerné par la demande de Sandrine. En effet, il n'est pas réaliste de songer à une lecture d'aura sur un petit enfant. Ses corps subtils ne sont pas suffisamment déve-loppés pour envisager leur étude sérieuse avec une telle méthode. Son être n'est pas encore pleinement incarné et on trouverait à coup sûr, dans son champ énergétique, beaucoup d'éléments appartenant à ses parents, notam-ment à sa mère.

Quelque chose en moi, cependant, me poussa à entrer en contact avec Sandrine, tout au moins pour lui expli-quer de vive voix, par téléphone, les raisons qui faisaient que sa demande était irréaliste.

La jeune femme étant à bout de nerfs et, comme elle ne demeurait pas loin de là où je me trouvais, j'acceptai malgré tout de la recevoir afin de chercher avec elle une piste menant éventuellement à une compréhension du pro-blème.

C'était une fin de journée lorsqu'elle franchit le seuil de ma salle de travail avec son enfant dans les bras, un petit garçon aux grands yeux cernés qui lui mangeaient presque le visage. Sandrine, quant à elle, faisait moins que son âge. Elle ressemblait à une adolescente qui aurait grandi trop vite. Caissière dans un supermarché, elle dis-posait de peu de temps pour elle et son bébé. Je vis très rapidement qu'elle se le reprochait et que sa vie était déjà faite de stress.

Pour elle, il était certain que la maladie de son enfant résultait d'un bagage issu d'une vie antérieure. Depuis des années, elle s'était ouverte à la notion de réincarna-tion et elle ne voyait que cela comme explication plausible à ce qui se passait. À vrai dire, je ne pus l'assurer du contraire sans pour autant abonder dans son sens. En ef-fet, un grand nombre des troubles de la santé qui se mani-festent dès le plus jeune âge sont souvent des résurgences du passé. J'en ai fréquemment retrouvé les traces sur les ex-bébés que sont les adultes venant me consulter.

Ce qui attira tout de suite mon attention, dans le cas de Sandrine, c'était, outre son état de stress, les marques de possessivité extrême dont elle témoignait à l'égard de son enfant. Elle était manifestement habitée par une peur qu'elle ne pouvait s'empêcher de lui communiquer. De toute évidence, quelque chose en lui ne pouvait pas respirer, s'exprimer et il en éprouvait de la douleur. Le mot colère, même, surgit en moi lorsque je captai soudainement l'un de ses regards tandis que sa mère le serrait anxieusement contre elle. Oui, à n'en pas douter, le petit garçon de Sandrine nourrissait une profonde colère. Encore fallait-il savoir laquelle.

La mère et non l'enfant

J'envisageai alors une solution, proposer à la mère la lecture d'aura qu'elle avait espérée pour son enfant. Si le problème était bel et bien de nature karmique, il était concevable qu'il relie les deux êtres jusque dans cette existence et que l'on puisse alors le déceler.

Sandrine se montra tout de suite intéressée par la démarche et nous décidâmes d'un autre rendez-vous dont son bébé serait, cette fois-là, absent.

Quinze jours plus tard, la jeune femme se présenta donc à nouveau à ma porte, toujours habitée par le même stress. Étonnamment, son aura causale s'ouvrit aussitôt comme une eau bouillante que l'on ne peut plus contenir et qui s'échappe dans toutes les directions.

Elle me fit plonger en Russie, au tout début du XIXème, vraisemblablement pendant la période des campagnes napoléoniennes. Il y avait en elle un grand nombre d'images de guerre, surtout de pillages et de villages incendiés. Peu de scènes de violence, à vrai dire, mais des souvenirs de grande pauvreté et de froid. Elle racontait l'histoire d'un couple dont la maison de bois avait été à demi-détruite, comme toutes celles du hameau auquel elle appartenait. Les soldats avaient tout emporté sur leur passage dans une sorte de débâcle. Il n'y avait plus de nourriture, chacun vivait de chapardage et d'une chasse incertaine. La famille dont Sandrine gardait le souvenir au fond d'elle-même se composait de cinq enfants. Elle était a priori l'aînée des filles. Je la vis, âgée d'une quinzaine d'années, un nourrisson dans les bras, son petit frère, enveloppé d'un morceau de peau de mouton mal tannée. Il faisait terriblement froid dans ce qui restait de la maison... Une modeste pièce commune aux ouvertures mal obstruées. J'aperçus sa mère grelottant dans un coin, sur une paillasse, incapable de marcher, obèse et souffrant d'œdèmes aux jambes. La misère, telle que représentée dans les images d'Épinal. Quant à son père, je compris qu'il était sans cesse parti, toujours plus loin, plus longtemps, bien obligé pour trouver de quoi manger, de quoi se chauffer, accompagné de son fils d'une dizaine d'années.

L'hiver ne passait pas. La neige, le vent... Il s'étirait à n'en plus finir dans la mémoire de Sandrine.

Presque en permanence serré contre sa poitrine, son petit frère de ce temps-là avait le visage bleui par le froid et les lèvres gercées. Oh, elle pensait bien à le frotter vigoureusement quand elle le pouvait comme le lui murmurait sa mère, mais elle avait tant de choses à faire dans la maison avec ce feu, surtout, qui avait grand peine à survivre, lui aussi. Le bébé se mettait à pleurer, alors elle le plaquait de plus belle contre elle, puis le repoussait excédée, allait le poser sur un coussin pour enfin le reprendre. C'était toujours la même chose... Un matin, tôt à son réveil, elle vit que le bébé ne bougeait plus. Il était de la couleur du froid. Elle ne pleura pas. Personne ne pleura, d'ailleurs.

La détresse atteint parfois un seuil tel que l'être humain n'a plus la force physique de crier son chagrin. Il n'y a alors plus même de révolte parce qu'il faut de la force et aussi ne serait-ce qu'un semblant d'espoir en quelque chose de meilleur pour se révolter. Cependant, ce n'est pas pour autant qu'une profonde blessure ne s'imprime pas sur le coeur, jusqu'à conditionner des comportements futurs.

L'aura causale de Sandrine montrait clairement que la suite de la vie qu'elle avait alors menée en Russie avait été marquée par un sentiment de culpabilité persistant. Elle avait pris sur elle la responsabilité de la mort du nourrisson. Les circonstances de l'époque lui avaient mis un bébé entre les bras et elle estimait s'être mal acquittée de cette charge. À tort ou à raison, Sandrine vivait encore avec cela, c'est-à-dire avec la sensation confuse d'un manquement, laquelle la poussait, par réflexe et par compensation à avoir une attitude étouffante vis-à-vis de son enfant.

S'agissait-il de la même âme qu'elle retrouvait, réincarnée dans ses bras ? Aucun élément ne permettait de l'affirmer. Cependant, c'est probable. Mon vécu de ces vingt-cinq dernières années m'a souvent permis de constater que les mêmes *familles d'âmes*, au sens large de l'expression, se retrouvent d'existence en existence, afin de poursuivre ce qui n'a pas été achevé ou de cicatriser une blessure qui demeure encore béante.

Sandrine avait à se réconcilier avec elle-même mais elle n'en prenait pas le chemin en communiquant à son enfant son angoisse, sa peur de ne pas suffire, de ne pas être à la hauteur. Son attitude intérieure, comme toutes les attitudes, émettait nécessairement un champ énergétique dans lequel baignait en permanence le bébé.

Une interaction évidente

On comprendra mieux, dès lors, que cela ne pouvait guère faciliter le processus d'incarnation de celui-ci. D'une certaine façon, son âme refusait sa descente dans la matière avec, peut-être, le souvenir très présent d'une circonstance antérieure difficile. Ce n'était pas simplement le problème de la mère mais *son* problème, à lui aussi.

L'organe que représente la peau est le premier par lequel nous entrons en contact avec le monde physique, lequel se montre si souvent rugueux, concrètement et affectivement. Lorsque se présente une circonstance ou une personne évoquant plus ou moins consciemment un rapport douloureux avec ce monde, notre peau est donc la toute première couche de notre être à pouvoir manifester sa crainte, sous forme d'une allergie ou d'un rejet.

Mes nombreuses expériences de décorporation me poussent, en outre, à affirmer qu'un bébé n'est pas à proprement parler un être aussi "neuf" qu'on le pense d'emblée. Avant d'être un nourrisson puis un petit enfant, c'est d'abord d'une âme dont il s'agit, une conscience avec son bagage, son histoire, ses forces à déployer et ses obstacles à surmonter.

Lorsqu'un enfant montre des difficultés dans le contexte où il vit, on a quasi systématiquement tendance aujourd'hui, me semble-t-il, à en reporter la faute sur le ou les parents. Cela peut être avec raison, bien sûr, cependant, il est aussi très fréquent que cela soit injustifié. L'histoire qui nous pousse à redescendre dans un corps de chair est toujours une histoire de retrouvailles. Retrouvailles avec un ensemble d'événements et de personnes mais *surtout* avec soi. C'est la confrontation à nous-même qui reste le motif central de chaque vie. Lorsque l'on a compris cette vérité au-delà de notre seule faculté intellectuelle on a, à coup sûr, le jugement un peu moins facile et, gageons-le, moins tranchant.

Dans le cas de Sandrine et de son petit garçon, il m'apparut rapidement que l'origine de l'eczéma géant était la résultante de la rencontre de leurs deux âmes. Les deux étaient bien en cause. L'eczéma était d'abord la conséquence de leur interaction. Chacune d'elles extériorisait sa propre peur à dépasser, son défi personnel à relever.

Je sais que Sandrine, munie de ces informations, réussit quelque peu à modifier son attitude de mère inconsciemment étouffante à force de culpabiliser. La compréhension des comment et des pourquoi permet généralement, sinon un arrêt du mécanisme, tout au moins la détente de son ressort. Deux êtres, deux âmes, c'est-à-dire deux mémoires étaient, bien sûr, en jeu dans ce cas-là. Il fallait compter avec le concours du bébé, en d'autres termes avec son acceptation à s'incarner. Cela s'installa doucement, six mois plus tard, sans qu'aucune médication y soit pour quelque chose.

Un exemple tel que celui-ci permet sans doute de mieux réaliser la complexité dont s'entoure parfois un bagage karmique. Ainsi, l'apparition puis le développement d'un trouble de santé d'origine causal met parfois en scène, de façon évidente, les liens douloureux ou délicats qui unissent deux êtres que la vie rassemble à nouveau.

Un karma de couple

Il y a des histoires qui se jouent plus ou moins en solo. Elles racontent des vies dont l'ampleur de la problématique et les conséquences de celle-ci sont surtout du fait de l'attitude d'une seule conscience. Il y en a d'autres, par contre, qui se fabriquent à deux ou à plusieurs et dont le dénouement complet nécessite le concours de chacun.

Pour illustrer cette constatation, je citerai en référence l'histoire d'un couple venu me voir pour de sérieux problèmes de santé. Elle, Marianne, venait de se faire opérer d'un cancer du sein. Lui, Michel, souffrait de furonculose à répétition. Ils étaient mariés depuis une quinzaine d'années et le couple qu'ils formaient était, lui aussi, de toute évidence quelque peu souffrant. Non seulement ils ne s'en cachaient pas mais Michel était sans cesse interrompu par son épouse dans les explications qu'il tentait de me fournir. Face à la situation, je résolus d'entreprendre le travail en trois étapes. Une étude de l'aura de chacun, séparément, afin de prévenir toute interaction, puis une analyse de leurs deux auras simultanément, dans le but d'observer les inévitables échanges énergétiques de ces dernières.

Je m'attendais, à vrai dire, à un problème relationnel classique. J'entrevoyais un affrontement de personnalités, avec des attitudes erronées ayant des répercussions sur l'organisme subtil ainsi que c'est généralement le cas. Leurs auras respectives révélaient, en effet, bien des choses à ce propos.

Pourtant, s'il me vaut de citer leur exemple dans ces pages, c'est que celui-ci me fit plonger dans leur passé alors même que je ne l'avais pas envisagé.

Le rayonnement causal de Marianne parlait de l'histoire d'un homme, en Espagne, vraisemblablement vers le XVIIIème siècle. Elle avait été cet homme, un négociant assez fortuné.

Comme beaucoup à l'époque dans le milieu où il vivait, il estimait que la place des femmes était définitivement à la maison. Rien ne leur servait d'en savoir trop, cela les aurait détournées de leur tâche ! D'ailleurs, la sienne n'avait pas à se plaindre, elle vivait dans l'opulence et n'avait qu'à donner des ordres à sa demi-douzaine de domestiques.

Quant à lui, Dieu lui avait confié la gestion des affaires et il voyageait régulièrement; c'était son rôle sans qu'il soit possible de remettre quoi que ce soit en question. Tout se passa bien d'ailleurs, ou plutôt comme il le souhaitait, car les images qui défilèrent devant moi montraient, sans aucun doute possible, que son épouse avait été de nature soumise. Pour lui, tout allait pour le mieux. Son existence se passa ainsi, apparemment sans réelle difficulté. Lorsqu'il parlait, il avait raison. Il était le chef et c'était juste puisque la Providence divine en avait décidé ainsi.

En ce qui concerne l'aura causale de Michel, elle m'offrit de façon stupéfiante des scènes qui montraient l'exacte contrepartie de celles révélées par Marianne.

Toujours l'Espagne, toujours le XVIIIème siècle. La même ville, le même toit bourgeois au riche train de vie.

Michel est alors une femme et son mari est commerçant. Celui-ci voyage sur de grands navires et revient avec des tissus et des pierres brutes qu'il fait ensuite tailler. Lui, c'est un bon mari. Qui dirait le contraire ? Il satisfait ses moindres besoins et n'est pas méchant.

Le problème, et c'est ce qui hurle dans l'aura causale de Michel, c'est que ce négociant de mari a toujours raison. Quand il ouvre la bouche, on se tait ! Elle voudrait se procurer tel livre et aller au concert de tel compositeur à la mode ? Mais pour quoi faire ? C'est une perte de temps. Cela éparpille l'esprit d'une femme ! D'ailleurs, beaucoup trop d'idées perverses circulent. Cela ne sied pas à son rang social, elle devrait le comprendre...

Et pendant ce temps-là, la femme qu'avait été Michel s'étiole et se ronge entre ses enfants, ses tentures, ses bijoux et ses serviteurs. Sa vie est dorée mais tellement terne ! Pas de rébellion possible... Le monde, la société, la religion, tout lui donnerait tort.

Les dernières images que je pus capter de ce passé me la montrèrent mourante, vers la quarantaine. J'ai aussitôt pensé à un cancer ou, plus précisément, je ne sais pourquoi, à une leucémie.

Avec Marianne et Michel, je me trouvais face à deux pièces complémentaires appartenant à un même puzzle.

Après deux ou trois siècles, l'un et l'autre reformaient à nouveau un couple, inversé bien sûr dans la relation homme-femme, mais un couple tout de même, confronté à la problématique qui s'était nouée entre eux. Le jeu continuait avec les mêmes joueurs, en possession de cartes seulement un peu différentes. La Vie leur disait en quelque sorte : « Il s'est établi entre vous un rapport malsain. Entre les frustrations et l'autorité abusive, un juste équilibre reste à trouver. Avec cette existence, voici une nouvelle occasion d'apprendre à vous situer correctement dans la polarité du corps qui vous est donné. Respecter l'autre tout en occupant la place qui vous revient, tel est l'un des buts de cette incarnation. »

L'aura de couple

J'en vins finalement à pratiquer une lecture de l'aura commune, c'est-à-dire sur leurs deux personnes, placées côte à côte devant l'écran blanc formé par mon mur.

Il ne s'agissait pas, par cette démarche, d'investiguer à nouveau dans leur passé. En effet, comment lire deux mémoires simultanément ? Il était seulement question d'approfondir ce qui se passait entre eux dans le présent et qui révélait, de part et d'autre, des attitudes incorrectes. Mon regard n'avait donc pas d'autre intention que d'entrer en contact avec leur aura émotionnelle et mentale.

En ce qui concerne les véritables couples, je veux dire les couples unis, j'ai toujours remarqué, dans le cadre exceptionnel d'une analyse commune et simultanée, que le rayonnement de chacun se marie spontanément à celui de l'autre. Il s'agit alors d'une interpénétration des énergies qui n'annihile pas les auras de chacun mais qui en crée une supplémentaire, l'aura du couple, une radiation d'une luminosité, d'une densité et d'une forme extrêmement variables d'un cas à l'autre.

Quant à Michel et Marianne, le moins que l'on puisse dire, c'est qu'ils ne réussissaient pas à rayonner une aura de couple. Je me trouvais en présence de deux êtres dont les émanations subtiles ne s'épousaient aucunement. C'était deux masses énergétiques non pas étrangères, bien sûr, mais tout juste perméables l'une à l'autre. En plus de cette constatation, je remarquai un phénomène assez spectaculaire. Régulièrement, l'aura mentale de Marianne se projetait en direction de son mari et englobait, ne fût-ce qu'un instant, la totalité du rayonnement de ce dernier. Le mouvement d'énergie qu'elle émettait ainsi aurait pu se comparer à celui d'un drap que l'on jette par-dessus quelqu'un. Il s'agissait d'une volonté de prise de possession de l'autre, inconsciente vraisemblablement, mais qui donnait lieu à une incontestable emprise morale. Marianne était une dominante et Michel un dominé. Malgré leur inversement de sexe par rapport à la situation qu'ils avaient vécue au XVIIIème siècle, leurs comportements, donc leurs rapports profonds, n'avaient pas évolué.

Comment pouvait-on interpréter, dès lors, les maladies qui les affectaient de nos jours ? C'était relativement simple. Le seul bon sens, allié à tout ce que nous venons de dire, permettait de tracer des pistes de réflexion.

De toute évidence, l'âme de Marianne, de polarité profondément masculine, tout au moins au sens archétypal du terme, acceptait mal son incarnation dans un corps de femme. En tant que symboles de la féminité, ses seins étaient devenus la partie la plus fragile de son être, celle dont, inconsciemment, elle ne voulait pas. Chez de nombreuses femmes souffrant de cancers ou de kystes au niveau des seins ou du système génital, j'ai souvent retrouvé, non pas des schémas identiques, mais des refus, des peurs ou des blessures de la féminité, pour dès raisons diverses évidemment.

Pour en revenir à Marianne, la tendance caricaturalement dominante de sa conscience ne parvenait pas à se réformer dans cette vie. Son expérience actuelle dans un corps de femme qui devait lui donner l'occasion de comprendre une autre façon de penser, de ressentir et d'être, n'était non seulement pas mise à profit comme elle aurait pu l'être, mais provoquait une rébellion intérieure qui s'était soldée par un cancer.

Dans le cas de Michel, un schéma analogue s'était mis en place. Son âme, imprégnée de ses souvenirs d'épouse espagnole soumise, évoluait encore selon les mêmes réflexes, bien que dans un corps d'homme. Évidemment, Michel étouffait dans une telle situation puisqu'il ne parvenait guère à faire jaillir une nouvelle personnalité. La non-affirmation de ce que la vie lui demandait d'apprendre et d'être générait alors, en son âme, tout naturellement, une profonde souffrance. À force d'être bridées, de ne pas oser exister, les forces d'expression de sa personnalité commençaient à imploser en lui. Ses furoncles à répétition étaient les soupapes de sécurité que son organisme avait mis en place pour lui éviter un problème de santé plus grave. *Tout ce qui est réprimé en nous se retourne un jour contre nous,* combien de fois ne l'ai-je pas constaté dans des cas similaires à celui de Michel !

Lorsque l'on observe des exemples tels que celui-ci, mettant en scène des couples ou encore des pères et des mères avec l'un ou l'autre de leurs enfants, et même des amis entre eux, l'erreur consisterait à pointer du doigt une personne en particulier. Il est possible, on l'a déjà vu, que le problème surgisse d'un élément unique du scénario de vie, mais il est tout aussi fréquent qu'il résulte de l'interaction de plusieurs êtres qui se retrouvent pour continuer une histoire commune, l'améliorer ou en guérir les plaies.

Les karmas de famille ou de groupe sont légion et exigent toujours une réelle volonté de réforme de la part de tous ceux qui sont concernés. Nous sommes à la fois les uniques maîtres de notre avance et les acteurs d'une énorme pièce de théâtre qui nous inclut dans une collectivité. L'expérience de groupe, bien sûr inévitable, reste donc un des ferments de la conscience individuelle car le destin de toutes les pièces d'un même jeu est d'apprendre à se respecter puis à s'aimer. Les milliers de lecture d'aura que j'ai pu mener à bien jusqu'à présent l'attestent continuellement : D'une vie à l'autre, la tante peut devenir le neveu, la petite fille le grand-père, tout comme l'ami parvient à se transformer en la mère. Peu importe, l'Intelligence de Vie, ou la Divinité si on préfère, a pour intention la croissance et l'union. Après avoir expérimenté le conflit, tout est appelé à la réconciliation puis à la fusion.

Voilà pourquoi *l'attitude ultime* face à toute information génératrice de prise de conscience ne me paraît être, quant à moi, que celle de la compassion.

Chapitre 7

Les dérapages

Cher Monsieur, je ne peux m'empêcher de vous écrire car, il y a quelques mois, j'ai fait l'objet d'un revécu absolument incroyable. Je me suis vu faisant partie de la communauté essénienne. Avec d'autres, je marchais inlassablement sur les chemins à travers le désert et sur les bords de la Mer Morte. Pourrions-nous nous rencontrer ? Je pense que ce serait nécessaire car j'aimerais poursuivre ma recherche dans cette direction. D'ailleurs, les mains me brûlent souvent et cela devient fort pénible. Peut-être est-ce parce qu'elles ne servent plus à soigner, comme il y a 2000 ans ? Qu'en pensez-vous ?

Des lettres de la teneur de celle-ci, j'en ai reçu, sans exagération, des milliers, au fil des années. Bien évidemment, je n'ai pu rencontrer qu'une très faible partie de leurs auteurs.

En effet, outre le temps que cela demande, je n'ai pas pour vocation d'investiguer le passé pour investiguer le passé. D'ailleurs, s'agit-il toujours d'un passé ?

Dans notre société, nous sommes de plus en plus nombreux, aujourd'hui, à faire l'objet à un moment donné ou à un autre, d'une expérience que l'on qualifie d'intérieure. Est-ce une simple réaction imaginaire face à un monde qui se déshumanise sans cesse d'avantage ou un réel signe des temps qui nous indique que *quelque chose* est en train de s'ouvrir ?

Je dirais que c'est tout cela à la fois, ou plutôt tantôt l'un, tantôt l'autre. C'est comme si des foules entières se découvraient des mémoires rattachées à d'autres temps... ou voulaient s'en découvrir.

Cela peut se faire spontanément, par songe, au sein d'une relaxation ou encore au cours d'une thérapie de régression.

Quelle crédibilité, donc, accorder à une telle vague de vécus ou de revécus, ou plutôt comment démêler le vrai du faux ?

J'ai toujours eu plutôt tendance à partir du principe que les témoignages que l'on me soumettait provenaient de personnes sincères. On me dira que c'est parce que je suis d'un naturel essentiellement confiant. Certes, mais ce n'est pas la bonne raison à invoquer. Il en existe une autre qui tient à une logique très simple. Ceux qui s'inventent une ou des existences antérieures pour en tirer une certaine gloriole ne vont pas consulter de thérapeutes. Ils se contentent de parler autour d'eux de leurs pseudo-souvenirs afin d'attirer l'attention puis éventuellement de créer dans leur entourage des petits cénacles de curieux ou d'admirateurs.

Dans le domaine qui nous concerne ici, cependant, la sincérité avec laquelle le témoignage d'un revécu est porté à la connaissance du thérapeute n'est, hélas, pas un gage suffisant de son authenticité. En résumé, *il ne suffit pas d'avoir éprouvé la sensation très forte, images à l'appui, de revivre telle chose pour que la chose en question soit vraie.* Les mécanismes qui nous gouvernent sont complexes, du moins jusqu'à ce que nous apprenions, nous, à les reconnaître puis à les maîtriser.

La pensée collective

Qu'est-ce qui peut générer une illusion ? En d'autres termes, comment pouvons-nous, sans nous en rendre compte, nous fabriquer la trame d'un scénario ?

À vrai dire, ce n'est pas nous, individuellement, qui sommes le moteur premier de cela mais la collectivité que nous constituons depuis des millénaires au sein d'une ou de plusieurs cultures. Voyons pourquoi.

L'esprit humain produit constamment des pensées. Hormis quelques chercheurs, très peu de personnes s'interrogent sur cette activité cérébrale. On voit toujours dans une pensée, exception faite des actes que celle-ci pousse à accomplir, quelque chose d'inconsistant, guère plus important qu'une bulle de savon. En effet, a priori, une pensée ça ne se touche pas. La plupart de celles qui nous traversent disparaissent comme elles sont apparues, sans laisser de traces. On oublie cependant qu'elles constituent, malgré tout, une émission d'énergie. Bien évidemment cette énergie est faible lorsqu'il s'agit de pensées anodines et fugaces, mais il n'en est pas de même dès qu'il est question de pensées répétées, entretenues, soutenues et, à plus forte raison, collectives. Les idéaux philosophiques, les doctrines de tous ordres et, cela va de soi, les religions sont depuis toujours les grands générateurs de ce type de force. Les pensées, les concepts collectifs suscités par de tels mouvements ont ainsi donné naissance, avec le temps, à de véritables centrales énergétiques produisant, dès lors, l'émission de ce que l'on appelle des *égrégores*.

Mais revenons-en d'abord au fait de produire une pensée soutenue. Notre conscience projette sur son propre écran intérieur l'image ou même le film de cette pensée. L'énergie que nous libérons alors, si elle est précise et orientée, comme dans le cas de l'adhésion à une croyance religieuse par exemple, va provoquer un phénomène comparable à celui de l'hologramme. C'est de cette façon que nous créons progressivement un film hologrammique psychique conforme à notre foi.

Cela semble anodin si l'on se dit qu'on "se fait notre propre cinéma", cependant cela prend de toutes autres proportions par le simple fait que notre hologramme va se joindre à la multitude de ceux issus de la même croyance que la nôtre. On n'a plus alors affaire à un simple scénario individuel mis en images et en énergie par nous seul mais bel et bien à un hologramme commun, véritable force réunissant tous ceux qui pensent de façon analogue.

Ainsi, tous les êtres qui adhèrent aux mêmes concepts et qui entretiennent en eux les mêmes images figées de tel ou tel principe ou événement passés deviennent-ils les créateurs inconscients d'un parfait film collectif. Un semblable film, lorsqu'on y accède incidemment lors de certains états modifiés de conscience, recherchés ou non, nous paraît alors être *la* réalité indiscutable surgie du passé. On ne se doute pas un instant qu'il peut s'agir du *reflet, mis en images, d'une croyance collective qui s'est structurée avec les siècles ou même les millénaires.*

102

Prenons le cas, dans notre culture occidentale, de la Crucifixion sur le Golgotha. Autour de cet événement, s'est très rapidement mise en place toute une imagerie populaire due à l'ignorance et à des idées précises que certains ont voulu inculquer. Un scénario-type de la Crucifixion s'est alors figé dans l'inconscient collectif jusqu'à créer un égrégore de l'événement... passablement différent de la réalité historique.

Nombre de mystiques, par exemple, dont l'intégrité n'est certainement pas à mettre en doute, ont été habités par des songes ou par des visions montrant le Christ souffrant sur la croix, les mains percées de clous. On sait aujourd'hui, de façon certaine, que ce n'était pourtant pas les mains des suppliciés que l'on transperçait, mais leurs poignets... Alors ? Eh bien les mystiques en question ont tout simplement plongé dans l'égrégore du Christianisme "classique", celui qui a imposé *sa* vérité dans l'inconscient collectif au fil des siècles.

Film éthérique et film akashique

En réalité, *tout* ce que nous pensons ou imaginons avec force et de façon répétée est enregistré *quelque part*. C'est de ce quelque part, d'ailleurs, que surgit la difficulté, car ce mot n'est pas à comprendre au singulier. Il indique un pluriel. J'aurais dû, en fait, écrire *des* quelque part, faisant ainsi référence à différents niveaux de films. Ces films sont enregistrés sur des supports différents, comparables, si on me permet l'expression, à des bandes magnétoscopiques de plus ou moins haute définition.

Un hologramme collectif, un égrégore, ne peut s'imprimer ou s'enregistrer, quant à lui, que sur une fréquence proche de notre matière dense, celle proposée par un des éléments constitutifs de la Nature que l'on appelle l'Éther. En effet, le taux vibratoire d'une mémoire issue d'un imaginaire commun est tel qu'il ne peut s'impressionner sur un autre élément que celui-ci. Comme il ne traduit pas *la* réalité historique des faits, il est incapable d'imprégner un autre support d'enregistrement plus élevé, plus fin. Le *film éthérique* est donc à différencier très nettement du *film akashique*.

En vérité, seule la connexion avec la mémoire akashique permet d'éviter les distorsions et donc de se fourvoyer dans des scénarios imaginaires, parfois nombreux. Le terme akashique mérite quelque explication. Il provient du mot sanskrit *akasha* qui s'applique à *la* substance universelle. Il définit, en quelque sorte, la supra lumière issue directement de la Conscience divine...ou de l'Esprit de Vie, si on préfère.

L'atome-germe que nous avons déjà cité[1] en tant que mémoire individuelle et qui se transmet avec fidélité d'une existence à l'autre, se constitue précisément d'un *condensé d'akasha*. Se connecter à lui par le biais de l'aura causale demeure donc une méthode fiable pour se relier à un passé individuel authentique.

Quel que soit le procédé par lequel on entreprend une recherche dans le passé, l'unique critère qui permette, à mon avis, d'espérer une authenticité se situe dès lors dans le niveau de conscience du thérapeute et - ou - de notre propre niveau vibratoire si l'expérience est vécue de façon solitaire et spontanée.

---

[1] Voir page 20, chapitre I.

L'espace libre

À ces affirmations on m'objectera sans doute un argument. On me dira que j'ai cité les visions erronées de certains grands mystiques. Cela voudrait-il dire que leur niveau de conscience n'était pas si élevé qu'on le pensait ? Aucunement, car un autre élément intervient et que je n'ai pas encore évoqué. Cet élément, je l'appellerai *l'espace libre* à l'intérieur de soi. Il est capital. On peut être ce qu'il est convenu d'appeler une grande âme et être totalement habité par un dogme et les stéréotypes issus de celui-ci. Il s'agit, alors, d'un conditionnement qui a sans doute sa raison d'être et que l'on se doit de respecter, bien sûr, mais qui laisse peu de place disponible dans la conscience pour une ouverture faisant éventuellement exploser son cadre traditionnel.

La quête du Vrai est sans nul doute d'une incroyable exigence. Il ne suffit pas d'être intègre et de vouloir... Il faut avoir, non seulement le goût du risque, mais encore de la *place en soi* pour ce risque. Si notre intellect reste encombré par des concepts très enracinés et dont on ne s'aperçoit pas qu'ils sont essentiellement doctrinaux, dans quelque domaine que ce soit, on a très peu de chance de faire un pas décisif. Il faut toujours s'autoriser à faire le ménage en soi. Cela me semble être une règle d'or de la croissance.

Les passés à la mode

Fort de toutes ces constatations et des témoignages ou demandes qui affluent régulièrement vers moi, je n'ai pu m'empêcher de constater qu'il y avait des égrégores plus actifs que d'autres, à certaines périodes. Parmi ceux-là citons l'égrégore atlante, l'égyptien, l'essénien, le cathare puis plus récemment, l'amérindien. Ils correspondent, évidemment, à des courants de pensée. On pourrait parler de modes à leur propos mais je me refuse à le faire car ce terme véhicule généralement une connotation péjorative. Je ne peux, quant à moi, utiliser inconsidérément un tel vocabulaire dans un domaine où la plupart des gens sont des chercheurs sincères et donc sensibles. D'autant plus fragiles que leurs questionnements et leur vécu leur font faire de la corde raide. Ils défrichent pour l'humanité à venir un immense continent. Travail risqué de pionnier, aux conséquences incalculables puisque c'est notre rapport à la Vie qui en sera totalement transformé, une fois le moment venu.

Par rapport à ces "passés - courants de pensée", je me limiterai simplement à dire qu'il faut être vigilant en regard du rythme, un peu facile parfois, auquel ils ressurgissent lors d'expériences individuelles ou collectives. Il est certain que les âmes se réincarnent par familles, c'est-à-dire par complicités, par regroupements d'intérêts ou, si on préfère, par *types de missions*, expression un peu plus noble. Il existe aussi des rythmes naturels gouvernant globalement les lois de la réincarnation. J'ai longtemps constaté que beaucoup d'êtres avaient tendance à revenir par vagues au bout d'environ un siècle et demi, très schématiquement. J'ai remarqué cela en suivant l'évolution de certaines blessures au fil des temps chez des personnes qui me soumettaient leurs difficultés. Cependant, on peut affirmer que c'est de moins en moins vrai. Je trouve de plus en plus souvent des cas de réincarnation très rapide, c'est-à-dire évoquant la première ou la deuxième guerre

106

mondiale. Notre époque, excessivement riche en événements, offre en effet plus que tout autre depuis des millénaires et des millénaires, d'incroyables occasions de croissance. Cette particularité suffit à elle seule à expliquer ce phénomène d'accélération.

Quoi qu'il en soit et au-delà de telles considérations, la multitude des témoignages de revécus parallèles avec, parfois, les manifestations que ceux-ci induisent, ne doivent pas nous faire oublier pour autant les garde-fous du bon sens et du discernement.

Les grandes figures classiques

« C'est après d'innombrables hésitations que je me décide enfin à vous écrire cette lettre. En effet, son contenu n'est pas de ceux qu'on avoue facilement. Depuis toujours, je vis de nombreuses expériences qui m'ont amenée à une prise de conscience de plus en plus nette.

Aujourd'hui, il faut que j'accepte de me rendre à l'évidence, mais j'aurais besoin pour cela de votre éclairage et de vos conseils. Voilà... J'ai toujours été persuadée avoir vécu au temps du Christ. Une certitude intime, en fait.

Alors, j'ai commencé tout un cheminement qui m'a conduite à faire des régressions dans le passé. Tout est allé dans la direction que je pressentais : J'ai été la disciple préférée du Maître, celle que l'on montrait du doigt et que l'on appelle maintenant Marie-Madeleine.

Depuis que tout est devenu clair en moi, j'ai compris pourquoi je me suis toujours intéressée aux huiles. Je ne souffre de rien, bien sûr, je ne suis pas malade, mais vivre avec la pensée de tout cela est un poids et j'ai be-

soin d'en parler pour pouvoir mieux vivre. Pouvez-vous
m'aider ? »

Je reçois fréquemment des lettres de ce type. Lorsqu'il m'est arrivé d'évoquer leur existence à des proches,
j'ai souvent constaté que cela déclenchait des sourires en
coin et des réactions d'amusement. Quant à moi, je n'ai
jamais trouvé cela très drôle, surtout après avoir eu l'occasion de rencontrer certains de leurs auteurs. Dans la
plupart des cas, il ne s'agit pas de personnes déséquili-
brées au sens classique et fort du terme mais de femmes
et d'hommes souffrant en silence dans leur âme et qui
essaient de vivre du mieux qu'ils le peuvent au sein de
notre société.

Incontestablement, ces personnes-là ont vécu à plusieurs reprises *quelque chose* qui, pour elles, a été boule-
versant et déterminant. Le problème, c'est qu'au fil des
années, j'ai été mis en contact, sans exagérer, avec une
bonne quinzaine de Marie-Madeleine, une dizaine d'apô-
tres Jean, quatre Jésus, trois bouddhas Maitreya, quelques
Néfertiti et j'en passe des moins connus. Étonnamment,
pas de Ponce Pilate, pas de Judas, et même pas de Saint-
Pierre. Cela dépend donc, très nettement, d'une certaine
cote de popularité au "box office" de l'inconscient collectif.

Comme je vous le disais, personnellement je n'en ris
pas parce que j'ai toujours trouvé beaucoup de douleur et
de tristesse derrière ces aveux. Contrairement à ce qu'on
peut s'imaginer, sauf exceptions, il ne s'agit pas de personnes dont on a envie d'affirmer d'emblée en les écou-
tant : « Elle se prend pour un tel... » L'image classique
du malade mental ne tient pas, même s'il est évident que
quelque chose n'est pas du tout à sa place dans leur fonc-

tionnement. Mais cela, seule la compassion permet de s'en rendre compte. Celle-ci ouvre à une qualité d'écoute et de regard qui permet d'aller au-delà des théories sur les désordres mentaux. Le problème n'est donc pas de chercher à faire entrer telle personne dans telle ou telle catégorie étiquetée mais d'avoir accès à l'intimité de ce qu'elle vit afin d'en approcher le pourquoi puis, si possible, de le dénouer.

La plupart du temps, là encore, j'ai remarqué que l'explication devait se chercher du côté des formes-pensées collectives, c'est-à-dire des égrégores. Certains personnages acquièrent incontestablement, avec le temps, un statut tout à fait à part dans notre culture. Quelque chose en eux est devenu fascinant au point de constituer un pôle d'attraction, un motif de fixation des consciences qui ne repose pas nécessairement sur leur réalité historique. Leur image est devenue ce que la littérature et la Tradition en ont fait. En ce qui les concerne, une réalité en marge du réel a donc été générée dans l'élément Éther. Ainsi, existe-t-il un *égrégore Marie-Madeleine*, comme il y en a un pour Saint Jean ou pour n'importe quelle autre grande figure qui provoque l'admiration des foules. De la même façon, ai-je reçu après la publication de *La Demeure du Rayonnant* la "candidature" de quelques pharaons Akhenaton.

Mon opinion face à tout cela est que, selon le mécanisme de certains cycles, les égrégores reliés à de grandes figures du passé se trouvent plus ou moins activés. En phase d'activation, ceux-ci constituent de véritables réservoirs d'images, de notions et en général d'énergie dans lesquels viennent puiser des personnes fragiles, émotives et en quête d'identité. Lorsque l'on est face à des témoignages semblables à celui que j'ai cité, on se trouve donc devant l'illustration de ce phénomène.

Une maladie mentale ?

Bien sûr, on a aussitôt envie d'utiliser le terme de "délire". Ce dernier me semble cependant assez inapproprié. Dans un certain nombre de cas, tout au moins, les personnes concernées ne font pas l'objet d'un *dérapage* de leur imagination. Elles ne mentent pas non plus mais se réfèrent bien à un vécu intérieur. Elles puisent dans une banque de données qui existe, même si celle-ci est erronée. Il est évident qu'elles souffrent d'une brèche dans leur personnalité qui les fait s'ouvrir inconsidérément à un mélange d'informations, mais on ne peut pas parler d'un simple jeu de l'imagination au sens premier du terme. Il y a seulement la place en elles pour la lecture d'un film, d'une part déformé, d'autre part qui ne les concerne pas.

Par ailleurs, il me paraît certain que si les chercheurs en psychologie ou en psychiatrie s'ouvraient à l'existence d'autres *fréquences de vie* que la nôtre et ne partaient pas du principe que seul notre monde tangible a droit de cité, d'énormes progrès pourraient être faits dans le domaine des maladies mentales et des déséquilibres de la personnalité. Les notions d'illusion et de délire seraient alors perçues d'une tout autre façon qui nous éclairerait de surcroît sur la nature même de notre univers.

Il m'est arrivé de pouvoir discuter très ouvertement de cela avec deux ou trois personnes souffrant de telles interférences au niveau de l'identité. Celles-ci m'ont toujours demandé si la fragilité et la perméabilité qui les caractérisaient pouvait avoir des origines karmiques. On ne peut cependant répondre à une semblable question que cas par cas.

En effet, bien des événements dans une vie, notamment dans l'enfance ou l'adolescence, suffisent à expliquer de tels troubles. Ne faisons pas, ainsi que je le dis souvent, de "karmite aigüe" !

À moins, évidemment, de poser un regard plus large sur le concept du karma, en partant du principe que la moindre circonstance de notre vie trouve son origine dans le passé et que le plus petit événement de notre présent sème un karma à venir... Ce qui n'est pas faux non plus... dans une vision linéaire du temps.

Trois séminaires et puis s'en vont...

En marge des films illusoires et de la fragilité des personnalités intervient maintenant un autre élément susceptible de provoquer des dérapages dans l'investigation des problèmes d'ordre causal. Cet élément, il faut oser en parler très directement quitte à provoquer quelques remous dans certains milieux.

Lorsqu'il est question de la santé et de l'équilibre des êtres humains on se doit, en effet, d'être lucide et rigoureux. Je veux parler ici de la qualité des thérapeutes.

Le phénomène de la recherche dans les existences antérieures à des fins de santé est relativement nouveau dans nos société occidentales.

Dès lors, il suscite un certain engouement... mais qui dit engouement dit souvent excès, inconscience, abus de pouvoir et même tricherie. Rien n'est en effet plus susceptible de provoquer des faux pas que l'univers de ce qui demeure encore inquantifiable.

Je me souviendrai toujours, quant à moi, de cette rencontre que j'ai eue, il y a quelque temps, avec un "thérapeute" qui voulait échanger avec moi précisément sur le thème des maladies karmiques. C'était un monsieur très ascétique et particulièrement difficile à faire sourire, à vrai dire. Il le clamait bien haut, d'ailleurs, il travaillait "sérieusement".

Je n'ai rien contre l'ascétisme car toutes les voies ont leur raison d'être et leur intérêt mais j'ai toujours pensé que lorsque la voie choisie n'épanouit pas la personne et ne lui procure pas le minimum de chaleur humaine et de bonté dans le regard, c'est qu'il y a un problème dans la façon dont elle est vécue. Et lorsque l'on se veut thérapeute, c'est-à-dire un générateur de santé, cela représente un sérieux handicap. Mais après tout, ce n'est que mon avis et cela peut se discuter !

Cependant, ce que je pus éprouver face au monsieur en question ne s'arrêtait pas là. Il ne s'agissait plus d'un ressenti personnel mais de la simple constatation d'un fait réel. Voici...

Comment cet homme avait-il acquis sa formation de thérapeute ? À l'issue de deux ou trois séminaires de fin de semaine. En résumé, une pratique de six ou sept jours avait suffi à lui conférer une "aura" de maîtrise. Il pouvait arborer très officiellement le diplôme de tel enseignant ou de telle École. Inutile de préciser que ce genre de choses me fait bondir et que cela devrait provoquer la même réaction chez tous ceux qui s'intéressent à ce domaine, à plus forte raison s'ils sont souffrants. Il me paraît inconcevable que l'on puisse s'improviser thérapeute, au point de donner des consultations après quelques pauvres jours d'étude.

Connaître une technique ne fait certainement pas pour autant devenir thérapeute. Cela prend une foule de connaissances, cela exige de la pratique, cela demande du temps et cela requiert, par dessus tout cela, *surtout du coeur*. Ce dernier élément est, à mon sens, tellement capital que je n'hésiterai pas à affirmer que l'on a - ou non - le germe du thérapeute en soi à la naissance. Tout comme celui du peintre, du musicien ou de l'acteur, par exemple. On a beau se familiariser avec une technique, la technique ne fera jamais l'artiste. La prière ne fera jamais le mystique ni les belles paroles le poète ou l'amoureux. Il s'agit de *quelque chose* d'autre. Le germe du thérapeute est apparenté à celui de la compassion, allié à celui du don. Il peut se révéler parfois tard dans une vie mais c'est qu'il sommeillait car on ne le décrète pas en soi.

Mon souhait est d'attirer l'attention sur les véritables dégâts que peuvent provoquer les thérapeutes qui n'en ont que le titre, surtout dans le domaine qui nous préoccupe. Ce domaine touche à l'identité de l'être, à sa stabilité, à sa santé au sens le plus global du terme. Dès lors, si on ne l'aborde pas avec respect, circonspection, connaissance et amour on en vient à faire beaucoup de mal... Tôt ou tard !

Les dégâts de l'inconscience

Arnaud était un jeune homme de vingt-deux ans. Je l'ai rencontré incidemment, il y a quelques années à l'issue d'une conférence. Il me raconta brièvement son histoire ou plutôt l'historique de sa démarche. Je devrais dire, en fait, qu'il essaya comme il le put car il souffrait d'un bégaiement très prononcé. En vue de comprendre ce problème puis de s'en débarrasser, il avait entrepris, quelque six mois auparavant, un travail de régression avec une dame faisant de la publicité dans certaines revues. Il avait espéré là la solution possible à son handicap, ce qui était a priori envisageable. Pourquoi pas, en effet ?

Une première rencontre n'avait rien donné, une deuxième non plus. Ce n'est qu'à la cinquième, selon ses dires, que la barrière avait craqué. Il avait, quant à lui, associé l'explosion de ses résistances à l'état d'excitation émotionnelle intense avec lequel il avait abordé cette ultime séance. Les injonctions de la thérapeute et la technique verbale utilisée par elle avaient été telles que le jeune homme avait même eu, à un moment donné, la sensation d'un viol psychique.

L'expérience le fit plonger dans une époque lointaine - il ignorait laquelle - où il se retrouva dans la peau d'un bourreau. L'office de ce dernier était de couper la langue des suppliciés qu'on lui amenait. On imagine la difficulté d'un tel revécu, d'autant plus qu'Arnaud n'avait bénéficié d'aucun suivi après son expérience.

Devant l'horreur des images découvertes, il avait quitté la salle de "thérapie" avec un véritable traumatisme. Il se voyait comme un monstre de cruauté qui "payait" simplement son karma. C'était pour lui, semblait-il, une fatalité contre laquelle il ne pouvait envisager aucun recours. Le résultat fut que son bégaiement amplifia encore.

Au lieu de s'être dénoué, le problème avait grossi et s'était même, sans doute, enkysté davantage.

Le revécu d'Arnaud correspondait-il à une réalité ? Cela je l'ignore[1]. Cependant, ce que je sais c'est que la résistance manifeste de sa conscience face à la régression constituait un signe dont aurait dû tenir compte la personne qui dirigeait le travail. *Il y a des barrières qui ont leur raison d'être.* L'oubli n'est pas nécessairement à vivre comme une infirmité. Il constitue aussi et souvent une protection, une mesure de sauvegarde de notre équilibre dans le présent. Pour en revenir, une fois de plus, à une comparaison très moderne, posons-nous cette question : « Que fait un ordinateur lorsqu'on lui demande d'emmagasiner des données au-delà de sa capacité de mémorisation ? Il refuse d'exécuter le travail, parfois il se bloque et si on insiste en faisant n'importe quoi par des chemins détournés pour parvenir quand même à nos fins... il arrive même qu'il se court-circuite totalement. Une petite bombe symbolique apparaît alors sur l'écran !

Arnaud en était arrivé à ce stade. L'information était trop lourde. Elle n'est pas entrée en lui, c'est plutôt lui qui est entré en elle, c'est-à-dire qu'elle l'a absorbé tout entier. Il avait donc frappé à la mauvaise porte. En guise de thérapeute, c'est une manipulatrice qu'il avait trouvée.

Lorsqu'une recherche sur le plan causal apparaît comme envisageable ou souhaitable pour résoudre une importante difficulté, quelle que soit la méthode utilisée, on n'a pas à se faire un devoir de mener la tentative à terme. Le "coûte que coûte" n'a aucun sens ici. Il est tout

---

[1] Qu'on n'en déduise pas, bien sûr, que le phénomène du bégaiement soit forcément lié à un passé lourd ! Chaque cas est particulier et la plupart du temps, des éléments, parfois fort simples, de notre temps présent suffisent à l'expliquer.

simplement dangereux. Si le passé ne parle pas, ce n'est pas une défaite pour autant. Ce n'est même pas le signe qu'il y a un lourd secret derrière le silence, mais seulement que le temps n'est pas venu ou que ce n'est pas le chemin à emprunter.

L'un des écueils majeurs qui se présentent aux thérapeutes se nomme, me semble-t-il, *prise de pouvoir*. C'est la satisfaction, souvent inconsciente, de pouvoir assouvir un besoin d'autorité en exerçant une emprise morale sur les autres. Le savoir - ou la connaissance d'une technique- mène parfois à la création d'un lien de dépendance puis d'une véritable allégeance à son propre profit. Cette constatation est sans doute valable pour tous les domaines abordés par les thérapies et les médecines, que celles-ci soient reconnues ou non. Cependant, ce qui me vaut d'en parler ici, c'est que le concept des vies antérieures et celui du karma touchent tout particulièrement à la racine de vie de chacun. On ne peut les aborder, je le rappelle, qu'avec respect, circonspection et compassion.

La recherche dans les existences antérieures, même lorsqu'elle se justifie afin d'enrayer des traumatismes, est hélas trop souvent utilisée comme un *créneau* par des personnes trop peu scrupuleuses ou manquant totalement de lucidité. La proie est facile à trouver car il s'agit, la plupart du temps, de personnes souffrantes, perdues dans leurs interrogations et épuisées.

Des clés pour le discernement

Mais alors, avec tout cela, comment distinguer le vrai message du faux ? Comment percevoir si une information est digne d'intérêt, si elle touche un égrégore ou si elle est issue d'un thérapeute peu scrupuleux qui veut juste *livrer la marchandise* ?

Mon expérience personnelle dans ce milieu et auprès des personnes en demande me pousse à dire que les réponses à ces questions sont, finalement, relativement simples. Elles se basent sur le seul bon sens. En fait, elles tiennent en quelques autres questions que l'on se doit de se poser à soi-même dès que l'on fait l'objet d'une recherche de nature causale.

- *Les données reçues sont-elles constructives ou font-elles stagner ?*

- *M'encombrent-elles ?*

- *Grossissent-elles ma personnalité égotique en la flattant ou, au contraire, la font-elles souffrir davantage ?*

En réalité, il appartient à chacun d'y apporter des réponses claires, je veux dire sans se mentir à soi-même. Il n'y a jamais de honte à reconnaître que l'on s'est peut-être fourvoyé. Par contre, il y a souvent des dangers à se laisser avaler inconsidérément par des scénarios qui font de nous des héros ou des victimes sans pour autant nous sortir de nos difficultés.

Seulement voilà, veut-on toujours vraiment avoir accès à la vérité ? Pas celle qui nous convient... Celle qui est juste et qui nous fait faire un pas, sinon dans la guérison, tout au moins dans la compréhension. Car, après tout, n'est-ce pas d'abord comprendre qui permet de dépasser ?

Chapitre 8

Le causal cause encore...

Marie avait dans la quarantaine. Je me souviens qu'elle était institutrice en classe maternelle et qu'elle souffrait de troubles intestinaux récurrents. Toutes les analyses, tous les examens conventionnels ou moins conventionnels n'avaient rien donné. « Tout est normal... » lui répétait-on toujours. Elle avait même été hospitalisée durant quarante-huit heures pour un bilan de santé complet. Là encore, rien à signaler. On en vint à lui dire que "c'était dans sa tête", que c'était "nerveux" ou quelque chose de ce genre. Mais Marie avait mal ! De violentes crampes, très localisées dans le ventre. Elle savait, quant à elle, qu'il ne s'agissait pas d'un jeu de son imagination.

Lorsque, à bout de ressources, elle vint me voir pour une lecture de l'aura, il ne fut pas question d'une recherche éventuelle au niveau de ses vies antérieures. J'ignorais d'ailleurs si elle se montrait ouverte à cet aspect des choses. Elle ne demandait qu'une approche classique de son aura, c'est-à-dire de son rayonnement vital, émotionnel puis mental. Étrangement, cependant, dès que Marie se fut positionnée sur l'écran blanc de mon mur de travail, c'est son aura causale qui m'apparut d'emblée... et cela, sans le moindre préambule, comme un livre qui s'ouvre tout seul à une page précise... *La* page que l'on doit lire !

- Il existe un rayonnement au-delà de votre aura mentale, Marie. Il s'étend assez loin de votre corps. C'est son rayonnement causal, il est blanc comme un albâtre qui serait éclairé de l'intérieur.

- Qu'est-ce que c'est ?

- C'est l'émanation de votre mémoire profonde. Tout ce que vous avez vécu depuis toujours y a laissé des traces précises. Il s'agit de votre encyclopédie personnelle ou mieux, de votre bibliothèque complète privée, si vous préférez. On ne sait pas ce qu'on peut y découvrir ! Voulez-vous qu'on y entre ?

- Allons-y, me répondit Marie sans hésiter.

Un passé simple

Nous fîmes silence tous deux pendant quelques minutes puis brusquement, à partir d'un point bleu qui était apparu au niveau de son coeur, le passé de Marie s'ouvrit. Certains de ses éléments, bien sûr. Des éléments qui n'allaient pas nous emmener très loin mais simplement dans sa petite enfance. Les scènes défilèrent en douceur, semblables aux séquences d'un montage cinématographique savamment ordonné par la mémoire émotionnelle de Marie.

120

Marie était alors une toute petite fille. Elle avait peut-être quatre ou cinq ans. Elle allait à l'école avec son long manteau bleu marine à capuchon. Quelqu'un la tenait fermement par la main. Une dame un peu forte, sans doute dans la cinquantaine.

- Ma grand-mère...

- C'est votre grand-mère qui vous menait en classe à cet âge ?

- Toute mon enfance... Ma mère vivait seule et devait travailler... Je ne la voyais que les fins de semaine.

Je vis ensuite la petite Marie sur les bancs de sa classe. C'était une enfant au teint pâle et manifestement très triste. Une multitude de scènes me la montrèrent, ne participant pas aux jeux de son âge. Elle se tenait régulièrement seule, à l'écart des autres, pleurnichant à la moindre occasion.

Était-ce dû à son seul contact avec une école ? Les images qui révélaient Marie en présence de sa grand-mère la faisaient aussi apparaître privée de joie de vivre bien que de façon heureusement moins prononcée. Enfin, il y eut des séquences où je l'aperçus en compagnie d'une femme plus jeune, sa mère évidemment. Alors, l'attitude de Marie changeait, sans plus de bonheur toutefois. La petite fille devenait boudeuse, colérique, puis aimante de façon presque maladive... Enfin, elle retombait dans la morosité dès qu'on la raccompagnait chez sa grand-mère.

Emporté par le flot douloureux de ces scènes témoins d'une enfance morne, tout me parut soudain extrêmement clair. C'est la détresse au fond de l'un des regards de la petite Marie qui fit jaillir le mot clé : abandon.

Je ne pus m'empêcher de le répéter à voix haute, ce mot-là... *Abandon !*

Lorsque la lecture d'aura prit fin, je vis tout de suite que des larmes, qui auraient voulu être contenues, roulaient lourdement sur les joues de Marie l'institutrice.

C'était le temps de parler, d'y voir clair.

- C'est vrai... J'ai vécu une petite enfance très pénible... Si seule... Je ne voulais plus y penser, je m'imaginais avoir enfoui tout cela au fond de moi. Oui, je me suis sentie constamment abandonnée. Je sais bien que je ne pouvais rien reprocher à ma mère ni à ma grand-mère. Elles faisaient ce qu'elles pouvaient avec les circonstances... mais j'ai vécu comme cela. En évoquant tout ce passé, je vois bien que je n'ai rien oublié.

- Et votre mère, lui en avez-vous parlé ?

- Je ne la vois guère plus d'une ou deux fois par an. Je crois que je lui en ai toujours voulu...

- Votre grand-mère vit toujours ?

- Elle est décédée, il y a cinq ans. Ça a été très dur pour moi. C'est elle qui m'a élevée, vous comprenez. Finalement, si je réfléchis bien, j'ai eu l'impression qu'elle aussi m'abandonnait. C'est idiot, non ?

Eh bien non, ce n'était pas idiot. C'était simplement une histoire de vie avec ses peurs et ses insécurités, parmi des milliards d'autres. Une histoire sans véritable histoire, toute tricotée de fragilité.

En prolongeant la discussion avec Marie, il apparut bien vite que ses problèmes intestinaux avaient débuté peu de temps après le départ de sa grand-mère. La mise en évidence de ce synchronisme fut pour elle plus qu'une prise de conscience, une véritable révélation. Le sentiment d'abandon était, sans hésitation possible, son talon d'Achille, le déclic de ses douleurs.

À partir de ce moment, Marie se souvint, dans un ultime retour en elle-même, de certains problèmes d'incontinence intestinale qui lui avaient alors valu d'être la risée de ses camarades de maternelle. Une blessure de plus...

- Allez voir votre mère, lui ai-je répondu, ou alors écrivez-lui, très simplement. Répétez-lui tout ce que vous venez de me dire. Parlez-lui de votre tristesse, de votre souffrance d'enfant, avec toute la tendresse dont vous êtes capable. Mettez-y cette qualité de tendresse qu'elle a peut-être toujours espérée de vous mais que vous ne lui avez sans doute jamais manifestée. Offrez-lui cela et offrez-vous-le aussi. C'est votre porte de sortie, j'en suis convaincu.

Il y eut une chose, également, sur laquelle je voulus attirer l'attention de Marie. C'était le fruit d'une constatation faite après des centaines de lectures d'auras : Un grand nombre de problèmes relationnels qui se nouent à l'intérieur d'une famille, à plus forte raison lorsque ceux-ci ne sont pas acceptés en tant que tels mais réprimés, donnent naissance à des désordres intestinaux plus ou moins importants... Et cela jusqu'à des maladies graves. Selon une symbolique propre au corps humain, la zone intestinale semble, en effet, particulièrement liée à la notion de famille.

Je ne revis jamais Marie mais celle-ci m'adressa un petit mot quelques mois plus tard. Elle avait entrepris la démarche que je lui avais conseillée. Depuis, elle voyait plus régulièrement sa mère. En osant la tendresse, elle était devenue de moins en moins la victime d'un abandon qu'elle nourrissait en elle et ses douleurs au ventre a-vaient disparu peu à peu.

L'exemple de Marie représente, assurément, un des cas les plus typiques de ceux que j'ai rencontrés dans ce domaine. Typique par les symptômes présentés, par l'origine de ceux-ci et la façon dont ils ont été enrayés. Il va de soi, hélas, que la disparition d'une souffrance n'est pas toujours aussi spectaculaire. On l'a déjà vu, la guérison passe toujours, inévitablement, par une réconciliation avec soi, avec quelqu'un d'autre et souvent les deux à la fois. Cependant, qui dit réconciliation dit surtout courage et c'est là où il arrive que le bât blesse... Plus souvent qu'on ne le pense !

Cela demande une décision de la personne concernée. Une décision clairement exprimée qui la fait passer d'emblée sur un *disque* différent.

Lorsque l'âme décide de chanter d'autres paroles que celles rabâchées depuis longtemps, le corps a toutes les chances de composer parallèlement un nouveau refrain qui leur sera adapté. Elle est, en quelque sorte, le parolier, le *créateur de l'état d'esprit* qui va donner le ton de la chanson de vie.

« Mais le musicien, lui, va-t-il toujours se conformer à ce ton ? Ne lui arrive-t-il pas de continuer à jouer à son rythme la vieille partition ? » me demande-t-on régulièrement. Évidemment. Il se peut, malgré les informations reçues, que l'organisme persiste à jouer *en boucle* son ancien refrain s'il est allé trop loin dans la répétition. Il se trouve ainsi pris dans un cercle vicieux tandis que le déséquilibre de certaines de ses fonctions est peu à peu devenu sa norme. Le refrain s'est donc transformé en rengaine, jusqu'à ce que les cordes du violon ou que le clavier du piano soient totalement usés.

124

Si je puis me permettre une autre comparaison, je dirai qu'on n'arrête pas facilement un véhicule dont le moteur s'est emballé.

En réalité, c'est dans la prévention que peut s'entrevoir la véritable solution à tout cela.

Si notre corps prend un certain nombre de plis, c'est parce qu'il obéit très fidèlement à ceux adoptés par notre âme. Si notre âme est amidonnée, comprenons alors qu'une bonne dose de sa raideur et de ses inévitables faux-plis rejaillira sur notre organisme.

Ces constatations m'amènent, par conséquent, à dire ceci : Ne nous enfermons pas dans des attitudes mentales ou affectives puis dans des principes de fonctionnement auxquels nous allons donner une fixité absolue.

Apprenons la souplesse, osons changer, optons délibérément pour les métamorphoses.

Une conscience qui se pétrifie se prolonge dans un corps qui se rouille puis dans une vie dont beaucoup d'éléments se mettront à grincer les uns après les autres.

La maladie n'est pas le point de départ d'une dysharmonie mais l'aboutissement d'un déséquilibre, d'un manque qui se préparent parfois depuis longtemps. Dès que nous générons quelque chose, une pensée, une attitude, un acte, notre réalité causale l'enregistre.

L'exemple de Marie nous montre bien que le passé n'est pas toujours antérieur mais aussi souvent très présent. *Ce que nous appelons karma ne se réfère donc pas nécessairement à d'autres époques.*

Les semailles de ce que nous sommes se récoltent également dans une même vie... Ne l'oublions-nous pas trop fréquemment afin de fuir certaines responsabilités ou réalités ?

Une autre cicatrice de jeunesse

Je ne peux m'empêcher, à ce propos, de citer le cas d'Alain. Celui-ci était cadre supérieur dans une entreprise assez importante. Il jouissait d'une vie plutôt confortable en dehors du fait qu'il redoutait terriblement un aspect inévitable de sa vie professionnelle. À chaque fois qu'il était obligé, en réunion, d'affirmer des prises de position, il se trouvait pris d'une colère qu'il ne s'expliquait pas et qu'il avait beaucoup de mal à contenir. De plus, sa réaction ne s'arrêtait pas là, son visage se couvrait de plaques rouges qui mettaient parfois plusieurs jours à disparaître. Bien sûr, tout cela ne constituait pas à proprement parler une maladie. Cela relevait davantage d'une analyse classique en psychothérapie que d'une lecture de l'aura. À ce titre, je n'aurais jamais dû recevoir Alain, pourtant tout se plaça pour qu'il en soit autrement. Alain, quant à lui, se disait convaincu de porter un bagage issu d'une existence antérieure. Fasciné par les philosophies orientales, il s'était fixé sur cette idée.

D'ailleurs, la réalité que je découvris, en analysant ses différentes auras, m'amena effectivement à m'attarder sur son univers causal. Il y avait bel et bien des scènes inscrites là qui constituaient ce qu'on pourrait appeler un *abcès émotionnel*. Ces scènes parlaient de lui à l'âge de quinze ans dans un énorme climat de révolte et de souffrance morale. Elles le montraient dans un collège, face à un Conseil de discipline. Devant son père, présent, il était accusé de tricherie en examen, ce qui était manifestement faux tant l'aura d'Alain était imprégnée de signes traduisant un profond sentiment d'injustice. Comment cette histoire s'était-elle nouée ? Je ne pouvais le dire, mais ce qui était certain, c'est que lors des scènes pénibles que je découvris, jamais son père ne prit une seule fois sa défense. Il se tenait là, rigide, en tant que spectateur d'un fait qu'il paraissait accepter d'emblée.

- Mon Dieu, s'écria Alain, lorsque je lui décrivis l'événement. Vous avez retrouvé cela ? Je ne voulais plus y penser moi-même ! Une période sombre de ma vie... Je n'ai jamais pu supporter cette injustice-là ! Vous croyez vraiment que c'est en relation avec mon problème ? Pourtant, aujourd'hui, avec mon père ça va bien...

- Il n'y a plus de difficulté ?

- C'est lui le patron de l'entreprise où je travaille. Il m'a donné la place que j'occupe... C'est une preuve de confiance, non ?

- Je crois que le problème ne se situe pas là, lui répondis-je. Je le verrais plutôt entre vous et vous.

Il me fallut alors expliquer plus en détails à Alain ma compréhension de sa difficulté selon l'éclairage de son aura causale. La lecture d'une aura, à ce niveau d'approche, n'offre pas seulement un défilé d'images; elle fait monter des sensations précises, des sentiments en rapport avec ce qu'a éprouvé le personnage central des scènes en question. Certes, dans le cas d'Alain, la blessure face à l'injustice dominait, mais ce qui persistait également en lui, c'était le fait de se trouver au centre d'une assemblée, autour d'un grand bureau, en présence de son père et de personnes auxquelles il avait à prouver quelque chose, ne fût-ce que la validité de ses projets. Il se voyait tel le centre d'une cible. Il renouait inconsciemment avec cet état d'infériorité dans lequel il avait été tant blessé. À son insu, il se retrouvait donc adolescent et sa réaction devenait celle de la colère. Dès lors, il se débattait contre le fantôme d'un décor émotionnel. Ses marques au visage n'étaient jamais que l'ultime signe du rejet qu'il faisait face aux analogies des deux mises en scène, le bureau, le père, l'assistance tournée vers lui et des argumentations à présenter.

Comme tant d'autres face à un noeud qui se desserre, Alain laissa monter quelques sanglots discrets. Il convint de tout, comme s'il savait déjà ce tout sans avoir pu le formuler.

Lui aussi, je crois, prit conscience ce jour-là de ce que peut faire une cicatrice laissée sur l'âme. Il comprit qu'une autre période de notre vie cela peut devenir aussi, d'une certaine façon, une existence antérieure... surtout à partir du moment où on décide de ne plus en entendre parler. Notre corps et notre coeur savent pourtant, quant à eux, qu'ils ne tournent pas vraiment la page s'ils n'ont pas la paix.

Au fil des années, j'ai régulièrement été amené à rencontrer des personnes qui pensaient avoir oublié ou qui avaient décidé d'oublier mais dont les cellules perpétuaient un souvenir traumatisant.

Je ne compte plus, par exemple, le nombre de femmes blessées dans leur âme puis dans leur chair, sans vouloir se l'avouer, par un avortement décidé inconsidérément. Je ne compte plus non plus les hommes et les femmes qui portent au fond d'eux, depuis leur enfance, les stigmates d'un abus sexuel de la part d'un parent, d'un oncle ou d'un ami de la famille.

On ne peut guère espérer verrouiller l'inverrouillable. Il faut que celui-ci s'exprime d'une façon ou d'une autre, la maladie ou le désordre étant son ultime ressource pour attirer l'attention.

Chapitre 9

Du côté du karma

« Je n'y peux rien, c'est mon karma ! » « Dites-moi si j'ai un bon karma… »

Extraites de leur contexte, ces paroles paraissent évidemment un peu puériles. Pourtant, elles reflètent bien, non seulement l'état d'esprit avec lequel on regarde souvent la notion de vie antérieure mais la conception de notre rapport avec le karma. Il me semble donc qu'il faille faire un peu de ménage de ce côté-là.

Les plaisanteries faisant référence à d'autres existences et lancées comme des boutades à un collègue de travail ou à un ami sont aujourd'hui de plus en plus fréquentes. Elles témoignent ainsi, depuis environ deux décennies, de l'irruption dans notre société occidentale d'un élément nouveau. A priori, le thème d'une plaisanterie n'a pas beaucoup d'importance, mais à l'intérieur même d'une culture, le principe d'une histoire drôle repose assez souvent sur le besoin d'aborder, sans prendre de risque, un domaine qui tracasse un nombre grandissant d'individus. Beaucoup d'entre nous, incontestablement, sont en quête d'un sens à donner à leur existence, à la recherche d'une identité aussi. Dès lors, il n'est pas surprenant que l'on se tourne vers ce qui peut offrir une extension à notre vision de la vie. Le karma nous fournit, à ce propos, le plus bel exemple de ce qui est susceptible de modifier notre rapport à l'univers... et à nous-mêmes en route vers un nouvel équilibre.

Le principe des vies antérieures ne date évidemment pas d'hier ni d'avant-hier dans l'esprit humain. Il est sans doute aussi vieux que le monde structuré. Pourtant, notre Occident ne s'y montre perméable que depuis peu, non pas que l'idée lui en ait été étrangère dans le passé, mais parce que la culture judéo-chrétienne l'avait tout simplement évacuée. De la loi du karma, il ne restait donc que des bribes dans notre inconscient collectif... même si nos cellules savent bien, sur les rayonnages de leur bibliothèque personnelle, ce qu'il en est ! De là, une foule de notions confuses, parfois contradictoires, naïves, démobilisatrices ou déresponsabilisantes.

Revenons-en maintenant à cette fameuse expression : « Je n'y peux rien, c'est mon karma ! » Elle représente à elle seule le reflet d'une compréhension erronée parce que trop simpliste du mécanisme karmique. Basée sur une conception linéaire du temps, elle n'exprime et ne justifie pas autre chose qu'un terrible fatalisme. Elle nous enferme tous dans un déterminisme pesant et même angoissant.

Une telle attitude face au karma provient directement, à mon avis, de l'extraordinaire propension que nous avons, nous autres les humains, à laisser plus de place en nous à la venue d'une souffrance qu'à celle d'un bonheur.

On parle *d'accéder au bonheur*, comme si celui-ci se situait en haut d'une longue série de marches, alors que l'on dit *sombrer dans la douleur*, évoquant ainsi l'image d'un navire, englouti par les flots... Et comme, évidemment, il est plus facile de tomber que de monter, la notion de karma a tout de suite pris chez nous une connotation négative.

Quelques pas hors du temps

En fait, c'est toute notre philosophie de la vie qui serait à revoir ou, plus exactement, notre rapport avec l'univers puisque nous n'arrivons pas à situer le bonheur, c'est-à-dire la santé absolument totale de l'être, sur le même niveau que nous.

Le bonheur est toujours *en haut, ailleurs*. Il appartient donc, selon une telle optique, à notre futur, cette ligne d'horizon qui fuit sans cesse devant nous.

La fréquentation de certains grands êtres, que ce soit physiquement ou de façon subtile, m'a toujours montré que l'état de maîtrise qui est le leur est dû, pour une part, à une unification en leur conscience des notions de passé et de futur.

En résumé, ils vivent dans la seconde présente, ce qui ne les empêche nullement d'avoir des projets et d'agir concrètement dans la matière. *Leur présent est en réalité un autre présent que le nôtre*, il n'est pas prisonnier des deux autres dimensions. C'est *le présent dilaté ou éternel* qui se révèle au contact de l'Esprit ou encore de la Supraconscience.

On ne peut le concevoir que si l'on est capable d'accéder à une vision du temps autre que linéaire, là où passé et futur apparaissent simplement comme des jeux de l'imagination. Sur ce terrain, le karma et son flot de conséquences deviennent des illusions, rien de plus.

Tout cela, on le voit, nous entraîne bien loin des considérations que nous avons évoquées jusqu'ici car, pour parvenir à une telle fusion avec la Vie, il faut indubitablement avoir d'abord guéri en soi les maladies de l'âme, c'est-à-dire dépassé le jeu du karma.

Retournons donc sans attendre à notre vision plus quotidienne et accessible du jeu karmique puisque celui-ci, correctement compris, peut servir d'outil de réconciliation avec soi. Les lignes qui suivent s'inscriront alors volontairement dans une dimension linéaire du temps. Rien ne sert de mettre la charrue avant les boeufs !

Pour cela, je commencerai par dire que le karma n'est pas à aborder uniquement sous l'angle du fardeau. Quand j'entends le mot karma dans la bouche de ceux qui me demandent conseil, je capte clairement "mauvais karma". Cela veut dire que ces personnes vivent davantage avec l'idée d'un handicap que d'un potentiel. C'est on ne peut plus logique puisqu'elles sont souffrantes; néanmoins leur rapport *bloquant* avec le karma ne les aide pas. De là l'intérêt de démonter les mécanismes qui ont pris place en elles. Un éclairage sur un coin d'ombre permet toujours à l'âme d'acquérir une certaine distanciation vis-à-vis de lui. Ce qui est clairement identifié puis nommé se dépasse d'autant mieux.

Les empreintes que laisse un bagage karmique sont en réalité de deux ordres. Elles sont soit définitives dans le cadre d'une vie, soit ponctuelles. Dans tous les cas, on l'a vu, elles ressemblent à des rendez-vous avec des circonstances, des personnes et surtout avec nous-mêmes. On peut dire qu'*un rendez-vous karmique est un test puis une occasion de maturation*. La rencontre est plus ou moins rude ou intense, non seulement en raison de la nature de ce qui est placé sur notre chemin, mais en fonction de notre capacité à y faire face.

Rendez-vous avec soi

En ce qui concerne les marques karmiques persistantes ou définitives, j'ai particulièrement en mémoire le cas d'un jeune Maghrébin ouvert à la réincarnation et qui était venu me consulter. Il se questionnait sur l'origine du handicap qu'il portait avec lui depuis la naissance. Sa main droite était, en effet, privée de doigts. Pour lui, il était évident que le hasard n'existait pas et que les lois de la génétique étaient elles-mêmes assujetties à d'autres lois beaucoup plus subtiles. Il voulait donc comprendre...

Rachid, c'était son nom, mit à jour une vie d'Africain travaillant dans des conditions difficiles sur un grand chantier à l'époque des colonisations. Au cours d'une mauvaise manoeuvre, il avait eu les doigts d'une main sectionnés par une machine. La suite de sa vie avait été misérable. Incapable de travailler et profondément traumatisé par son accident, il s'était révolté contre tout, sombrant finalement dans l'alcoolisme.

L'explication était simple. Elle reposait sur un principe qui a déjà été abordé dans ces pages, celui selon lequel une émotion violente ou la non-acceptation d'une situation favorisent souvent la répercussion de données similaires d'une existence à l'autre. Rachid, quant à lui, n'était plus quelqu'un de rebellé. Il avait juste voulu une piste de compréhension... et c'est ce qu'il obtint.

L'exemple de Rachid nous permet un peu plus de réaliser à quel point il est puéril d'assimiler systématiquement un handicap et, par extension, un trouble de la santé à une dette karmique. J'ai trop entendu de personnes qui se contentaient de commenter, relativement à l'infirmité de quelqu'un : « On n'y peut rien, il règle son karma. » On n'y peut sans doute rien, en effet, si ce n'est que cette vision simpliste d'une loi dont on ne devine encore que quelques principes a pour conséquence de nous verrouiller toujours un peu plus le coeur. La compassion demeure une voie d'accès à la compréhension, une forme supérieure d'intelligence.

Rachid, comme tant d'autres vivant avec une infirmité, n'avait aucune dette à payer envers qui que ce soit. Il fallait juste qu'il apprenne l'acceptation et qu'il développe en lui des ressources certainement laissées en friche jusque là par son être profond. C'était, à l'évidence, ce qu'il réussissait à faire lorsque nous nous sommes rencontrés.

Puisque nous nous tenons sur le terrain des handicaps de naissance, il est impossible de ne pas évoquer le problème des enfants autistes. En effet, on peut assez facilement penser que l'état de ceux-ci est la conséquence d'un traumatisme ancien.

J'avoue ne pas avoir eu la possibilité d'entrer en contact avec l'aura causale d'enfants atteints d'autisme. La raison de base en est simple : le rayonnement causal ne se laisse pas capter chez les enfants. La mémoire karmique y est bien sûr présente dans sa totalité, mais son expression sous la forme d'une émanation lumineuse n'est pas développée. Elle reste embryonnaire. Chez la plupart d'entre nous, elle ne commence d'ailleurs à se manifester de façon visible que vers dix-huit ou vingt ans. Il serait de toutes façons hors de question, quant à moi, de chercher à investiguer le passé d'une personne non adulte et, de surcroît, incapable d'entamer une réflexion saine à ce sujet. Les seules informations d'ordre karmique dont je dispose par rapport à l'autisme sont, par conséquent, étrangères à l'aura causale. Elles relèvent de méthodes de travail tout à fait extérieures au sujet de cet ouvrage. Ce sont, d'autre part, des informations qui demeurent générales, chaque cas présentant, rappelons-le, ses particularités.

Globalement parlant, on peut affirmer qu'il s'agit toujours d'un refus d'incarnation. L'âme des autistes n'a pris un corps que parce qu'elle ne pouvait absolument pas faire autrement. Les raisons d'un tel refus peuvent être très diverses, cela va de soi, cependant les caractéristiques des êtres qui le manifestent sont celles-ci : une grande capacité d'analyse, un sens du jugement extrêmement aigu - ce qui ne se voit pas toujours - et une sensibilité exacerbée. Il s'agit d'âmes qui se sont volontairement marginalisées afin de ne pas vraiment affronter un monde dont elles ne voulaient pas. Il s'agirait aussi, la plupart du temps, d'âmes déjà vieilles sur le chemin de l'évolution et qui manifestent de cette façon une sorte de réaction de fatigue ou un mouvement de rébellion contre un ordre des choses qui ne leur convient pas. Ces êtres optent donc pour le retrait plutôt que pour le face à face. Ce n'est vraisemblablement pas la marque d'une faiblesse ni d'une résignation mais d'un acte délibéré demandant même un tempérament déjà affirmé pendant toute la période intrautérine. Il est certain qu'il y a là tout un domaine qui demeure très mystérieux et qui demanderait une longue investigation en marge des chemins de la psychologie officielle.

Rendez-vous avec les autres

Le cas des trisomiques fait également partie de ceux qui mériteraient d'être étudiés de façon non-conventionnelle, c'est-à-dire avec un point de vue allant au-delà des considérations d'ordre génétique. Je n'ai pas encore eu l'occasion d'entreprendre jusqu'à présent une recherche dans ce sens au moyen des capacités qui sont miennes.

Ce que je peux néanmoins avancer de façon très générale, c'est que les trisomiques s'incarnent bien moins pour eux que pour leur entourage. Leur handicap est toujours une épreuve, donc un test pour leurs proches. Il se présente aussi pour ces derniers comme une énorme occasion de maturation. C'est une source d'expériences qui, bien acceptée, fait jaillir nécessairement la patience, l'amour et la compassion. Là encore, ne parlons pas de punition d'une âme vis-à-vis d'elle-même, ni de sanction de la Vie ou d'une autorité divine. Qui sommes-nous pour juger et étiqueter ? Ne confondons pas l'âme avec l'intellect et avec le corps. Leur handicap mental ne renvoie absolument pas à un handicap de l'âme. L'anomalie se situe bel et bien au niveau du corps et de ses relais avec le subtil.

En ce qui me concerne, je n'hésiterai pas à dire que la majorité des trisomiques ont choisi volontairement ce type d'incarnation. Ils l'ont accepté afin de faire mûrir leurs proches. Bien sûr, il va de soi que la conscience qui fait l'expérience d'une telle vie apprend et grandit elle-même en développant des qualités ou des spécificités qui lui faisaient encore par trop défaut. Elle cultive ne serait-ce qu'une forme d'abnégation et de générosité. Cepen-

136

dant, l'essentiel de sa tâche est bien de labourer le terrain autour d'elle, il ne faut pas l'oublier.

Les familles d'âmes

Dans un tout autre domaine, on me pose régulièrement des questions sur les maladies graves que présentent des enfants soit à la naissance, soit dès leurs premières années. Là encore, les réponses peuvent être multiples. Il me paraît malgré tout certain que la difficulté qui surgit alors ne concerne pas que l'histoire de l'enfant en question mais aussi celle de sa famille. L'une est indissociable de l'autre, on le conçoit aisément. Les karmas familiaux, c'est-à-dire les liens anciens qui unissent les membres d'une famille, sont des réalités qu'il m'a été possible d'approcher parfois en pratiquant des lectures causales à l'intérieur d'un même cercle de proches. La notion de famille peut se concevoir également assez facilement au-delà des liens du sang. Elle trouve plus pleinement sa signification et sa concrétisation dans l'idée, déjà évoquée, de *familles d'âmes*.

De telles familles se réunissent par exemple pour un vécu commun pendant de nombreuses années ou même pour un événement très ponctuel, allant jusqu'à un destin final comme dans le cas d'une mort collective. On peut alors évidemment parler d'un *karma de groupe*, plus que de famille, tout comme on peut avancer les expressions *karma de peuple* ou encore *karma de race*. De telles notions font référence aux complicités répétées d'importants groupes d'âmes lors d'incarnations successives. Il est facile de comprendre que lorsque des personnes épousent les mêmes causes de façon soutenue, elles tissent entre elles tous les éléments d'un réseau qui les suit assez naturellement pendant un certain nombre d'existences. Elles manifestent, de ce fait, des forces similaires, des sensibilités et des fragilités analogues. Celles-ci sont parfois si proches qu'elles en viennent à constituer des *consciences de groupe*, véritables liens et potentiels psychiques capables d'absorber, d'annihiler l'autonomie de l'individu. On le voit dans toutes les guerres et dans nombre de manifestations de masse. Ce sont alors des comportements de type tribal qui l'emportent.

D'autres traces karmiques

Pour en revenir aux enfants présentant des maladies graves, voire mortelles dès leur plus jeune âge, j'aimerais citer l'exemple de Karine. Karine était une petite fille qui manifestait un ostéosarcome de la jambe droite depuis l'âge de trois ans. Dépistée très tôt et traitée efficacement, sa maladie fut enrayée. Karine fut déclarée "en rémission", selon l'expression consacrée lorsque l'on ne veut pas prendre le risque de parler de guérison.

Très ouverte à des considérations autres que classiques et conventionnelles, sa famille chercha en toute logique à comprendre le pourquoi d'une telle maladie chez un si jeune enfant. En approfondissant la question avec elle, il apparut immédiatement que, pendant toute la période de sa grossesse, la mère de Karine avait rendu visite, chaque jour, à son propre père atteint d'un cancer. Celui-ci était décédé environ deux semaines avant la naissance de l'enfant. Il résultait de cela que l'âme de Karine avait vécu pendant neuf mois, quotidiennement, dans l'ambiance caractéristique du cancer de son grand-père.

C'était deux ou trois heures par jour dans une chambre de malade, souvent dans les hôpitaux, toujours dans l'atmosphère d'un homme qui se mourait. La tristesse et le stress de sa future mère étaient devenus son aliment premier. Elle avait été, en quelque sorte, tissée dans le rayonnement de la maladie, c'est-à-dire dans sa douleur, ses angoisses et ses interrogations.

Comment alors ne pas penser que la petite Karine ait pu transporter avec elle ce qu'on pourrait appeler le *germe psychique* du cancer à force d'être immergée dans son ambiance ?

L'expression est peut-être osée, mais le fait est que le cas de Karine n'est pas isolé. J'ai été en contact avec d'autres familles au sein desquelles un problème analogue avait surgi dans des circonstances comparables.

Là encore, il n'est pas question de généraliser ni d'en déduire qu'une femme enceinte ne doit fréquenter que des personnes en bonne santé. Ce serait ridicule ! Il est simplement question de ne pas tomber dans les excès en évitant, si cela s'avère possible, d'immerger continuellement un fœtus dans une ambiance qui est, a priori, opposée à celle de la vie. Nous ne sommes pas des "choses" inconscientes dans le ventre d'une mère, mais des êtres sensibles déjà ouverts aux influences du monde qui les attend.

On me rétorquera, en se servant des éléments que j'ai déjà exposés dans les chapitres précédents, que chaque bébé a déjà son karma et qu'il ne s'incarne pas par hasard dans de telles circonstances. Il n'y a rien de plus vrai, aussi l'exemple de Karine n'avait-il pour but principal que d'attirer l'attention sur la façon inattendue dont s'élaborent parfois certaines maladies. Il s'agit avant tout d'une piste de réflexion.

Une fatalité ?

« Cher Monsieur, on m'a dit que ma maladie avait certainement son origine dans une vie antérieure. Cela me paraît vraisemblable mais, depuis, je suis angoissé à l'idée que je ne pourrai pas m'en débarrasser… »

Je découvre parfois des lettres qui ont cette teneur. Elles reflètent bien les notions déformées qui circulent dans le contexte du karma. Disons-le donc tout de suite, karmique ne signifie pas éternel, fort heureusement ! J'ai déjà utilisé le terme *rendez-vous*… Il suffit de s'y référer pour mieux comprendre ce dont il s'agit. Pour chacun de nous, il y a des rendez-vous de *toutes sortes*. Certains sont très épisodiques et ne laissent que peu de traces. D'autres sont brefs mais impriment fortement leur marque en nous. Enfin, il en existe qui durent et qui font que nous sommes accompagnés longtemps, voire toute notre vie. En conséquence, ne nous imaginons pas que causal soit nécessairement synonyme de définitif ! On peut parfaitement passer à travers une épreuve surgissant d'une autre existence. Nous ne parlons pas de l'éviter, mais de la traverser comme une rivière qui nous suggérerait de trouver un bateau, d'en construire un, ou encore d'apprendre tout simplement à nager…

Qu'est-ce qui fait la durée de la traversée ? Parfois la largeur de la rivière qui devient alors un fleuve, parfois notre attitude face à elle, souvent les deux éléments de façon simultanée.

Et si le fleuve devient une mer, un océan ? C'est probablement que notre destin nous invite explicitement à voir la globalité de la vie d'une façon tout autre… C'est qu'il nous faut laisser grandir d'autres yeux en arrière des nôtres, développer un autre sens de l'ouïe et même un appareil respiratoire différent, adapté aux profondeurs.

Dans tous les cas, il convient, et cela me paraît de plus en plus indispensable, de gommer la notion de fatalité du contexte karmique. La fatalité sous-entend l'impuissance. Elle sème donc des graines de défaitisme, d'inaction et même de régression. Un rendez-vous avec un trouble ou une maladie d'origine causale peut se montrer inévitable sans pour cela devoir être classé au rang des fatalités. Là encore, le regard que l'on pose sur les choses de l'existence est capital et oriente radicalement notre évolution. Le caractère obligatoire d'un rendez-vous organisé par la Vie peut vraiment être regardé comme une chance. Nous le verrons.

Ce qui est certain, c'est que nous vivons une période privilégiée en ce qui concerne les prises de conscience. L'époque actuelle se montre infiniment plus riche en événements et métamorphoses que toutes celles qui l'ont précédée, tout au moins dans l'histoire connue de notre humanité. Tout se précipite, tout entre en collision ou en fusion, plaçant chacun aujourd'hui face à des situations qui le font fermenter au plus profond de son être et le poussent à bouger. Il n'est donc pas hasardeux de dire que *le monde dans lequel nous vivons offre une multitude de portes pour la résolution des noeuds karmiques.* Nous nous situons au coeur d'un temps qui, au-delà de son aspect tourmenté, ou même grâce à celui-ci, est généreux en opportunités de prises de conscience essentielles et en occasions de se dépasser.

Le présent d'aujourd'hui est incontestablement le passé de demain. Cette affirmation paraît être une évidence ou une banalité et on aurait tendance, en conséquence, à ne pas s'y attarder. Cependant, je suis convaincu que si on réalisait pleinement ce qu'elle signifie, on s'évertuerait à planter les germes de l'apaisement en soi et autour de soi, sans plus attendre. Alors, qui d'entre nous est prêt à relever le défi de ce en quoi il place son espoir et sa certitude ?

Chapitre 10

De la consolation au dépassement
- principes et exercices -

Tout au long des pages qui précèdent nous avons abordé ensemble une assez longue série d'exemples de situations. Chacun d'entre eux est l'illustration logique d'un type de comportement, d'un schéma d'attitude mentale ou de réaction affective dont les effets nous montrent bien à quel point notre vie intérieure est, pour une grande part, le maître d'oeuvre de notre santé... et cela au-delà des limites de l'approche classique d'une existence et du concept du Temps.

Il s'agit avant tout de pistes de réflexion dont les implications, en définitive, dépassent largement le cadre de la maladie. En fait, c'est toute notre attitude face à la vie qui se trouve sollicitée. La maladie ou, plus globalement, la dysharmonie d'une partie de notre être est sans aucun doute le moyen le plus radical et le plus parlant mis en place par l'Intelligence de la Nature pour nous suggérer de *revoir les choses*.

Décrypter le langage du corps et de l'âme, le recevoir avec des oreilles et une conscience neuves ne peut pas se limiter, à mon avis, à accumuler un savoir, à énumérer des lois ou encore à élaborer des échafaudages de théories.

Il est classique et aisé de "tout" savoir sans rien comprendre.

Le *savoir de soi et des autres* n'est en aucun cas le gage de leur connaissance. Je veux dire par cela que l'information ne suffit pas. Elle est bien sûr capitale, indispensable même, mais elle ne représente guère plus qu'une étape, la première marche de la magnifique métamorphose à laquelle notre époque nous convie.

On commence par savoir, ensuite on comprend, enfin seulement vient la Connaissance.

À chaque pas que l'on veut accomplir, c'est une réelle prise d'altitude qui nous est demandée. Savoir, compréhension et Connaissance ne constitueraient-ils pas un réel parallélisme avec corps, âme et esprit ?

Jusqu'à présent, nous avons voyagé ensemble sur les sentiers parfois déroutants de l'étude et de la réflexion. Nous avons suivi les itinéraires de l'âme, c'est-à-dire de l'égo ou de la personnalité incarnée avec ses émotions et ses cartes mentales. Aussi est-ce maintenant à un autre regard que je vous invite.

C'est le temps du déploiement des ailes, de la distanciation, le temps de l'intelligence du coeur. Le temps aussi d'approcher la finalité de ce que nous vivons dans la succession des désordres qui nous traversent. Le temps enfin d'affirmer que c'est à nous de traverser plutôt que d'être traversés et de s'en donner les outils.

Approcher le pourquoi du pourquoi

C'est là, précisément, que se pose la question du sens ultime de la maladie. Je veux parler bien sûr ici de ce type de maladie qui marque une vie en laissant son empreinte éloquente à la fois sur le corps et sur l'âme. Lorsque l'on naît avec un handicap ou lorsqu'un désordre profond s'installe en nous à un moment donné de notre existence au point de s'inscrire comme un tournant de celle-ci, la plupart d'entre nous se révoltent, à moins de se laisser abattre. Comment d'ailleurs ne pas le comprendre à partir du moment où rien ou si peu, dans notre société, n'est ouvertement proposé pour la connaissance réelle puis le dépassement de ce qui nous arrive.

Une souffrance, un handicap, une maladie sont invariablement vécus dans notre culture comme une défaite de l'individu face à la vie. Plus globalement, on pourrait dire que c'est notre attitude face à la difficulté et à l'obstacle qui est fondamentalement négative, défaitiste, sclérosante.

Je sais qu'il est aisé d'écrire cela mais beaucoup moins évident de le vivre lorsque l'on est soi-même concerné. C'est parfaitement juste, cependant il n'empêche que le changement d'attitude représente bien souvent la seule véritable porte de sortie face à une épreuve d'importance. Or, je l'ai déjà dit, le changement d'*attitude* passe toujours par un changement d'*altitude*. Seule la montée de notre conscience à un niveau supérieur autorise un réel recul de notre ligne d'horizon.

Dans cette optique, la loi du karma doit cesser d'être perçue comme une ordonnatrice de punitions. En effet et en vérité, elle est d'abord une loi dispensatrice d'initiations.

Oui, toute maladie significative représente bel et bien une initiation, c'est-à-dire une porte, une opportunité d'aller un peu plus loin dans la connaissance de soi et de la vie.

Devant un obstacle important, les questions à se poser avant toutes autres sont donc celles-ci :

« Qu'est-ce que le Divin cherche à m'apprendre ? Quelles parties de mon être, encore en friche, veut-Il me faire labourer ? »

Il est urgent, je crois, de sortir absolument de l'éternel schéma de la faute à payer et du réflexe qui consiste à s'enfermer dans le cercle vicieux de la révolte, de l'amertume puis du découragement.

On peut ne s'être incarné que pour vivre une épreuve de santé ou un trouble de l'équilibre. C'est une constatation a priori terrible mais qui, lorsque l'on va à l'essentiel de notre présence sur le chemin de l'évolution, revêt une finalité éminemment constructive.

En réalité, le terme d'initiation est un grand mot pour évoquer l'entrée dans un nouveau mode de vision.

Exercice n° 1 : simplifier à l'extrême

Pour répondre aux questions que j'ai posées plus haut, je peux très simplement vous suggérer une petite introspection qui ne requiert que deux choses : l'honnêteté vis-à-vis de soi et la volonté claire d'aller de l'avant...

J'allais oublier : un stylo et une feuille de papier... car il s'agit de dresser une liste !

a) Voici une méthode toute simple. Elle consiste à diviser votre page en hauteur et à y établir deux colonnes. Celle de gauche portera comme en-tête "mes faiblesses" et l'autre "mes épreuves". Remarquez bien qu'il ne s'agit pas de "défauts" ni de "souffrances" car, dans un tel exercice, votre orientation d'esprit sera autre. On cesse de nourrir un système de dualité. Il ne s'agit pas du tout d'un jeu illusoire et dérisoire avec les mots mais d'une proposition de virage à imprimer à votre regard. Le but est donc de sortir de l'autoroute du jugement.

Pour dresser une telle liste, accordez-vous un peu de temps, plusieurs jours s'il le faut. La rédiger à la hâte ou s'y pencher quelques instants entre les pages d'un livre ne ferait pas avancer la question.

b) Une fois qu'elle sera établie, vous considérerez alors la liste de vos faiblesses, toujours un stylo à la main. L'étape suivante consistera à la simplifier en synthétisant ce que vous avez écrit. Admettons qu'il y ait, par exemple, sur cette liste les points suivants : *la paresse, le manque de persévérance, l'irritabilité, un goût trop prononcé pour la critique.* Essayez de réduire toutes ces constatations à leur plus simple expression. Je veux dire tentez, le plus clairement et le plus lucidement possible, de remonter à leur racine. Toutes ces faiblesses ne seraient-elles pas les manifestations multiples d'une seule difficulté, d'un seul réflexe de votre âme ? La peur, par exemple. Notre personnalité incarnée agit très souvent comme un prisme face aux événements de l'existence. Elle multiplie les manifestations de fragilité ou de dysharmonie à travers notre comportement tandis qu'il n'y a à l'origine de notre édifice qu'une ou deux pierres d'achoppement. N'hésitez donc pas à réduire à l'extrême votre liste définitive.

Si vous avez écrit, par exemple : « *J'ai tendance à être agressif* », demandez-vous : « *Est-ce par crainte d'ê-*

tre moi-même agressé, par besoin de diriger, parce que je vois la vie comme une lutte permanente, par révolte ou par amertume ? » Il ne devrait guère rester plus d'un ou deux mots pour synthétiser la réponse à tout cela. Ils résumeront la *quintessence* de vos faiblesses et en constitueront la liste finale.

c) Observez maintenant la seconde liste que vous avez dressée, celle des épreuves que vous avez traversées ou que vous vivez actuellement. Avec beaucoup de franchise, sans vous raconter d'histoire, essayez également de les synthétiser. Peut-être, a priori, vous semblent-elles extrêmement diversifiées et n'avoir aucun point commun. Cependant, posez-vous la question suivante : « *Quels domaines de mon être ces épreuves ont-elles le plus sollicité ? Est-ce que, finalement, elles ne m'ont pas demandé, à chaque fois, de cultiver la patience ou la tolérance ou encore la volonté... à moins que ce ne soit l'humilité, par exemple ?* » Là aussi, la réponse finale devra être très brève. Un ou deux mots suffiront certainement à tout résumer. Simplifier, c'est d'abord s'alléger et s'alléger, c'est toujours la condition première à une prise d'altitude. Le but est donc de vous rendre compte que chaque type de grande épreuve que la vie vous a réservé demande de votre part le développement d'une qualité bien spécifique.

d) Une fois les deux colonnes de votre nouvelle liste établies regardez-les en parallèle. Si vous êtes allés très honnêtement jusqu'au bout de leur simplification, vous ne manquerez pas de constater qu'il existe une étrange complémentarité entre le ou les deux, trois points faibles identifiés et la ou les qualités qui vous sont demandées à travers vos épreuves.

L'exercice semble peut-être anodin mais il s'avère toujours très enrichissant et éclairant par rapport au *chemin de vie*. Si vous ne trichez pas avec vous-même, il vous indique nettement *quelles sont les priorités pour lesquelles votre âme s'est incarnée*, tout au moins au niveau de son propre développement. En réalité, l'exercice vous parle à sa façon de votre bagage karmique en termes de potentiel et de construction. Lors d'une démarche de dépassement d'un important problème de santé cela peut représenter une aide précieuse.

Le germe d'une maladie est toujours enfoui dans le terrain de notre conscience. En le délogeant, on cesse grandement de l'alimenter. Voilà pourquoi ce geste et cette attitude constituent un pas capital vers la réconciliation avec soi, initialisatrice de toute guérison.

Je ne sais plus quel philosophe affirmait en substance : « Si la vie m'envoie une épreuve, c'est que le Divin pense à moi... » Il y a, à mon avis, deux façons de se comporter face à une telle réflexion. La première consiste à s'enfermer dans une attitude malsaine et pour tout dire masochiste face à la vie. C'est l'attitude de la victime qui paye une dette par une souffrance rédemptrice. La seconde requiert une vision très large des choses et, de ce fait, une maturité d'âme plus importante. Elle dit en quelque sorte : « Si la Vie m'envoie une grande épreuve, c'est qu'il est temps pour moi d'entrer en métamorphose et je suis confiant face à la méthode de transformation que le Divin place sur mon chemin. »

On voit clairement que, d'un côté, c'est la réaction apparemment stoïque mais le dos courbé et, de l'autre, le déploiement des ailes, la saisie du fil d'Ariane qui nous aidera à rejoindre notre centre, autrement dit, notre coeur.

Voilà donc pour un premier exercice, pour un premier mouvement de débroussaillage, que l'on soit ou non en possession d'éléments relatifs à un bagage karmique.

Notons au passage que la prise de distance qu'il suggère ne repose en rien sur la présence en soi d'une sorte de *grâce divine* qui serait donnée à certains et pas à d'autres.

La distanciation est d'abord le fruit d'une décision personnelle. C'est une affirmation de ce que nous sommes prêts à mettre en oeuvre pour avancer et franchir l'obstacle. Non pas un acte de vouloir tendu, mais l'expression d'une volonté claire, sereine et active.

Les exercices qui suivent, quant à eux, seront à manier comme des outils complémentaires dont la fonction est de déverrouiller des portes, d'ouvrir des tiroirs, de vider des sacs et de nettoyer des espaces encombrés.

La plupart du temps, nous vivons avec un corps et une conscience comparables à une demeure dans laquelle le ménage n'est pas régulièrement fait.

On pourrait parler aussi d'un logis que l'on s'imagine modeste mais qui, en vérité, a l'immensité et la beauté d'un château. Un château que l'on ne soupçonne pas parce que l'on n'ose pas s'aventurer au-delà des quelques pièces qui sont à portée de nos yeux... ou de notre audace.

Il y existe, en fait, des portes que l'on n'a jamais osé pousser, des couloirs et de vastes salles que l'on a refusé d'envisager, des tours dont on s'est dit qu'elles ne pouvaient pas avoir de réalité, enfin une cave et un grenier auxquels on a préféré ne pas avoir à penser par crainte de

150

certaines variétés de rats et d'araignées, nos propres peurs.

Exercice n° 2 : la parole aux cellules

La méthode que je vous suggère maintenant concerne un nettoyage en profondeur de la demeure. Beaucoup trop de choses y traînent dont nous ne savons plus pourquoi elles sont là, couvertes de poussières et dans lesquelles nous nous emmêlons les pieds.

Je vous invite, pour ce faire, à vous isoler dans votre chambre ou dans tout lieu au cœur duquel vous vous sentez en sécurité. Allongez-vous-y confortablement et très peu vêtu, recouvert par exemple d'un simple drap afin d'éviter d'avoir froid. Le but de cette recommandation est ne pas percevoir la pression d'un vêtement sur le corps car c'est précisément à ce corps que vous allez donner la parole. Évitez donc de le ligoter c'est-à-dire, finalement, de le bâillonner symboliquement.

Vous fermerez alors les yeux, puis vous vous accorderez quelques minutes de silence et d'intériorisation. Il ne s'agit pas de méditer mais de faire juste le calme en acceptant de vous immerger doucement dans la perception intérieure de votre être. Peu importe les pensées qui vous traversent, laissez-les filer. C'est la présence de votre conscience dans votre corps qu'il faut seulement favoriser et qui devra prendre le dessus, progressivement. En termes simples, habitez-vous pleinement, *ressentez-vous du dedans*.

Lorsque vous serez entré dans cet état de perception, servez-vous de l'une de vos mains et passez-la doucement et très lentement au-dessus de votre corps à environ une dizaine de centimètres de celui-ci. Ne dirigez pourtant pas cette main. Laissez-la être spontanément attirée par certaines zones ou mieux par certains points précis. Exactement comme si ces points ou ces zones l'aimantaient. Cela ne peut bien sûr s'opérer que dans une attitude de lâcher-prise réelle.

Les points qui vont attirer votre main sont des points de souffrance. Ils révèlent des emplacements où, pour une multitude de raisons certainement, le *mouvement de vie en vous* ne s'opère pas correctement. Des emplacements aussi qui révèlent des blessures, parfois anciennes et récurrentes, qui traduisent des cicatrices, en résumé des mémoires douloureuses qui n'apparaissent peut-être pas distinctement dans votre vie.

Attention, il s'agit d'une pratique dans laquelle ce que vous connaissez de vous, c'est-à-dire votre réflexion ou votre jugement n'ont rien à faire. Je dirais même qu'elle n'est pas non plus intuitive car ce ne sont pas vraiment les perceptions de votre conscience en état de détente qui doivent primer. *Ce qui doit parler, c'est votre corps, autrement dit vos cellules*.

L'abandon de vos résistances mentales a pour objectif l'expression de leurs souvenirs, pour peu que vous acceptiez la montée des émotions qui ne manqueront alors pas de surgir au cours de l'exercice.

La manifestation de ces mémoires cellulaires pourra donner naissance en vous à des images précises, à des scènes et à des sentiments en rapport avec la souffrance emmagasinée par la zone concernée. Ne vous faites cependant pas un devoir de vivre de telles perceptions. Laissez-les venir en leur temps. Cela signifie qu'il est ici question d'un *exercice à répéter régulièrement* jusqu'à ce que quelque chose dans les résistances de votre être se dénoue.

Il est possible que lors des toutes premières pratiques de cet exercice vous ne perceviez rien. Ne vous découragez cependant pas et persévérez. Cela s'explique par le fait que beaucoup d'entre nous sont extrêmement éloignés de leur corps. Nous vivons dans une société qui rend le corps physique étranger ou presque à la conscience. Soit on y fait primer celui-ci et l'âme devient alors un principe symbolique, soit, au contraire, on se tourne vers nos réalités intérieures et notre enveloppe charnelle est reléguée au rang du négligeable. On autorise rarement la perméabilité entre les deux de la même façon que l'on ne réalise pas leur extrême complémentarité. *Le corps physique est le prolongement direct de l'âme et non pas son adversaire.*

Nombre de ceux qui ont engagé une profonde réflexion sur le sens de leur vie ont une fâcheuse tendance à nier ou à occulter cet état de fait et se tiennent donc loin des appels ou des rappels à l'ordre de leur peau, de leurs muscles, de leurs organes. Il y a donc là tout un réapprentissage à faire et c'est la direction à laquelle cet exercice vous invite implicitement.

Vous vous demandez sans doute maintenant comment se manifestera "l'aimantation" de votre main par un point ou une zone de votre corps... Il est certain que chacun d'entre nous a sa propre façon de ressentir, mais les perceptions les plus fréquentes sont celles-ci : une nette impression de vide sur un point du corps, des picotements sur celui-ci à l'approche de la main, l'apparition d'une fraîcheur ou même d'une douleur, l'image intérieure d'un tourbillon, également.

La finalité de cet exercice n'est pas, on s'en doute, limitée à de telles perceptions. Le ressenti représente seulement le "clignotant rouge", témoin du trouble énergétique. Si vous êtes ainsi parvenu à détecter une zone de votre corps, abandonnez-vous davantage encore à celle-ci. Tentez de localiser, toujours de l'intérieur, le point précis qui, au coeur de cette zone, concentre la dysharmonie, voire la souffrance. *Ce point-là exprime une mémoire.* Peu importe si vous ignorez, intellectuellement parlant, ce à quoi cette mémoire fait référence. Il n'est pas question ici de mentaliser la perception, ni la situation. La parole est alors pleinement donnée à vos cellules et vous lui laissez toute la place.

Lorsque ce contact aura été établi, joignez le pouce, l'index et le majeur de votre main. Tout naturellement, ils se mettront à concentrer puis à émettre un rayon d'énergie en provenance directe de votre coeur. Ce rayon a une dominante verte. C'est une force de réconciliation et de santé. Laissez-le agir en direction du point critique et cela autant de temps que vous en ressentirez le besoin.

Comprenez qu'en agissant de cette façon vous entreprenez un travail de désamorçage de la mémoire douloureuse liée à la zone repérée. Il ne s'agit pas d'un remède miracle, ni d'une panacée mais d'une véritable déconnection de programme. Le terme n'est pas beau, certes, il a cependant le mérite d'être explicite. On a suffisamment vu tout au long des chapitres précédents à quel point nos cellules peuvent être encodées et c'est de cette réalité-là dont nous parlons ici.

Une telle méthode n'en exclut pas d'autres, cela va de soi. Elle est seulement un plus dans une démarche dont la base est la pacification. Dépasser un problème ou une souffrance, c'est d'abord les approcher de notre acceptation pour ce qu'ils viennent nous enseigner, puis les englober de notre tendresse active, enfin de tout notre amour. Le rayon vert que j'ai évoqué représente simplement l'objectivation de cet amour et sa polarisation vers les besoins de santé du corps.

Tout ceci constitue, en fait, une pratique d'auto-guérison ou si l'on préfère l'amorce d'un dialogue vrai avec l'ensemble de nos réalités simultanées. C'est une orientation de l'esprit, une façon d'initialiser et d'entretenir en soi un moteur de rééquilibrage donc d'harmonisation.

J'ai parlé précédemment des pièces de notre demeure que nous connaissons mal ou pas du tout. Je vous invite à y revenir maintenant car c'est par leur oubli, l'oubli de ce qu'elles contiennent ou leur mépris que notre être se rétrécit et s'étiole, souvent jusque dans sa contrepartie physique. Voici donc.

Exercice n° 3 : la visite du château

Le corps toujours aussi libre d'entraves que dans l'exercice précédent, isolez-vous une nouvelle fois au sein d'un lieu confortable. Étendez-vous-y dans une lumière douce et fermez les yeux de façon à être le plus en contact possible avec votre réalité intérieure. Vous allez décider de vous visiter. Bien évidemment, on croit tous se connaître. En réalité, il y a vraiment des zones complètes de notre corps dans lesquelles notre conscience ne pénètre jamais.

Sans crispation, sans défi personnel, vous allez partir du centre de votre crâne. Il n'y a aucune difficulté à pénétrer dans un tel lieu. Nous y sommes toujours, d'ailleurs.

155

À vrai dire, c'est même la salle du trône de notre château personnel ! Nous avons tendance à y siéger beaucoup trop en s'imaginant que c'est de là qu'on y voit le plus clair sur l'ensemble de notre domaine. Erreur... Alors, après avoir pris une belle, longue et lente inspiration, votre conscience, c'est-à-dire votre perception de vous-même, va se lever de son siège pour se diriger tranquillement vers un lieu nettement moins rigide. En route pour la grande salle des fêtes et des repas. Où est-elle ? Dans votre coeur, bien sûr !

Mais auparavant, il y a quelques marches à descendre et un couloir à emprunter. Suivez-en l'itinéraire très naturellement en vous. Essayez de percevoir, si possible, le décor de ses murs, la lumière et surtout l'ambiance qui l'imprègnent. Éprouvez-vous une difficulté à avancer à un moment précis, comme si une porte était fermée ? Notez-le simplement. Ne forcez pas la porte, tentez plutôt de vous fondre en elle pour la dépasser. Si c'est trop difficile, n'insistez pas. Placez d'emblée votre conscience au-delà d'elle, toujours en marche et plus près de votre coeur. Peut-être avez-vous l'impression de croiser d'autres couloirs, d'apercevoir d'autres portes à votre droite ou à votre gauche. Laissez aller tout cela. Ce qu'il faut, c'est rejoindre la grande salle des banquets, celle où on partage la nourriture, où on est généreux... donc heureux.

Voilà, vous y êtes... Voyez-vous à quel point elle est splendide ? Vous ne vous en étiez certainement pas douté. Abandonnez-vous à son décor. Vous l'avez bâtie à votre goût selon vos aspirations, vous souvenez-vous ? Peut-être a-t-elle le plafond très haut et orné d'un superbe lustre... Y a-t-il des armoiries qui parlent de votre idéal, des cadres aux murs représentant les êtres qui vous sont chers ou qui illustrent les belles heures de votre vie ? Ajoutez-les s'ils n'y sont pas. Attardez-vous sur tous ces détails et si cela fait surgir quelques émotions, eh bien tant mieux ! Laissez-les tranquillement s'exprimer. Personne n'est là pour vous juger. Et le foyer, y en a-t-il un ? Est-ce une belle cheminée ? Pourquoi n'y allumeriez-vous pas un grand feu ? Prenez-en le temps.

Continuez maintenant votre visite. Peut-être y a-t-il une partie de votre château où vous savez pertinemment que quelque chose ne va pas sans y être jamais vraiment allé voir. Un corridor ou une pièce où les murs s'effritent, où le chauffage est fermé, où l'eau courante ne parvient pas ou bien encore où le soleil ne pénètre jamais parce que les rideaux y sont constamment fermés... À vous d'y aller à pas sereins, à vous de découvrir, de ressentir et de constater là où la serrure est rouillée, là où cela vous rend triste et où il y a des gravas sans doute encore accumulés inutilement. Ça prend de la place les gravas des travaux passés, la place des vieilles souffrances cristallisées et ça empêche de respirer...

Où êtes-vous ? Dans votre rein gauche ? Dans votre foie ? Au creux de votre bras ou le long d'une artère ? Peu importe. Là où vous êtes rendu, votre seul souci c'est de percevoir, de rénover. Rebâtissez intérieurement le décor de la pièce où vous êtes. Accordez-lui toute l'attention et tout l'amour dont elle a besoin. Mettez-y des couleurs, de la lumière, peut-être de la musique pour la rendre à nouveau invitante. Enfin, promettez-lui de revenir l'habiter régulièrement.

Voilà, c'est fait... Alors, retournez tranquillement dans la grande salle, par le même couloir ou les mêmes escaliers. Dès que vous y serez parvenu, contrôlez bien le feu dans la cheminée. Voyez-vous en train de l'attiser, si besoin est. Il y a un beau fauteuil placé juste devant. Pourquoi ne pas aller vous y asseoir pour savourer un peu la joie d'être là et d'avoir rénové, consolé une pièce souffrante ? Encore une fois, prenez tout votre temps.

Libre à vous, maintenant, d'aller visiter une autre partie de votre château ou alors de vous en extraire doucement pour revenir à la conscience de ce lieu où vous êtes étendu. L'important, c'est qu'entre chaque zone visitée, vous retourniez à la grande salle, votre coeur. C'est là qu'en souplesse, comme une caresse, le sceau de la réparation, de la consolation, du pardon, en fait de la beauté oubliée, s'imprime peu à peu en vous.

Si le moment est venu pour vous de suspendre la visite, ne vous imaginez pas qu'il vous faille rejoindre pour cela la salle du trône. Dans toute grande salle des banquets, il y a une superbe porte qui donne vers l'extérieur, vers les jardins, vers le monde. C'est par là que vous sortirez... et vous emporterez avec vous le bonheur de ce que vous venez de faire.

Cet exercice peut, à première vue, paraître complexe à certains. Dans sa pratique, il est cependant fort simple si chacun le mène à son rythme, à sa guise, en se référant seulement aux quelques grands principes qui en constituent la base : la liberté de déplacement, la volonté de nettoyer, de rénover, de libérer des espaces, d'éclairer, d'embellir... en ramenant toujours cela au coeur.

Car c'est bien là, dans votre coeur, que se situe votre mémoire profonde, là que les guérisons et les pardons s'amorcent puis s'impriment.

Évidemment, vous pourrez remplacer le château par un palais de n'importe quel style ou par toute autre grande propriété qui correspondrait mieux à votre sensibilité. Le principe restera le même.

Ce qui compte, dans cette pratique comme dans les autres, c'est la régularité avec laquelle on la met en oeuvre.

Toutes ces propositions, répétons-le, ne sont pas à aborder en tant que recettes. Elles ne font pas de nous des presse-boutons, contrairement à ce qui est au goût du jour. Elles opèrent un travail en profondeur, elles s'adressent à l'intelligence de nos cellules et à notre potentiel d'amour et de joie inutilisé. C'est donc là qu'elles vont nous chercher, pas ailleurs. C'est à ce niveau de sensibilité aussi que s'initialise la prise d'altitude à laquelle j'invite toute personne qui se penche sur ses propres difficultés. Le dépassement d'un problème de santé ou d'attitude bien enraciné en soi se situe au-delà de la démarche cérébrale. Il sollicite, en toute disponibilité et sans a priori, les couches les plus profondes et donc les plus intimes de notre être.

Même s'il pouvait paraître que l'on se soit passablement éloignés des troubles karmiques, il n'en était rien. Nous les abordions d'une autre façon, au centre de notre chair, le terrain dans lequel ils étendent et parfois plongent leurs racines.

Il faut bien comprendre qu'il n'y a pas *une* méthode pour se libérer d'un fardeau issu du passé. Pourquoi ? Tout naturellement parce que chacun d'entre nous demeure unique. Il s'agit donc d'indiquer avant tout des directions, de faire office de poteau indicateur. On pourrait dire aussi que tout cela se résume à abattre des barrières, à rendre perméables les frontières entre nos différents niveaux de réalités.

J'ai beaucoup parlé d'une prise d'altitude comme étant la base d'un dépassement et, par conséquent, d'une possible guérison. Cependant, je tiens à le préciser, même si toutes ces pages ne font qu'en témoigner, le déploiement de nos ailes ne s'inscrit en rien contre la plongée de nos racines dans le sol. Une bonne partie de nos souffrances ne viendrait-elle pas de notre réflexe tenace à vouloir entretenir un antagonisme entre le Ciel et la Terre ? Nos douleurs, tout comme nos bonheurs, sont sans doute comparables à ces ponts par lesquels nous pouvons, si nous le voulons, passer d'une rive à l'autre dans les deux sens, c'est dire tout unifier et aller plus loin.

Pourquoi le poids de la Terre, c'est-à-dire la fragilité de ce qui appartient au corps, est-il si souvent sollicité dans notre avance ? Parce qu'il représente un déclencheur.

Le bon moment

Je vous citerai, pour conclure, une anecdote. Il s'agit, là aussi, d'une histoire parfaitement vraie dont j'ai été témoin, il y a très peu d'années. Cela se passait en Inde du Sud, auprès d'un Maître de sagesse qu'il n'est presque plus besoin de présenter tant sa renommée est devenue mondiale, *Sathya Saï Baba*.

Comme chaque jour, des fidèles ou de simples chercheurs de vérité se pressaient par milliers face à lui. C'était ce que l'on appelle traditionnellement le *darshan*, la vision, la captation de ce qu'un sage ou un être réalisé émet tout naturellement de sa personne.

Dans une section spéciale du terre-plein situé face au temple, je remarquai un homme. C'était un occidental, il devait avoir une quarantaine d'années et était assis, non pas à même le sol, mais sur une chaise roulante. Je me souviens m'être dit que cet homme devait être sérieusement motivé pour avoir entrepris le voyage qui l'avait mené là. En effet, parvenir en chaise roulante dans ce petit village de l'autre bout du monde écrasé par une chaleur torride représentait en soi une sorte de petit exploit qui en disait long sur sa volonté d'approcher Sathya Saï Baba.

L'attente était longue et nous ruisselions tous de chaleur, assis tant bien que mal sur de petits coussins.

L'ordre parfois étrange des choses de la vie voulut que je surprenne la conversation à mi-voix de deux de mes voisins, occidentaux eux aussi. C'est ainsi que j'appris que la personne en chaise roulante était un de leurs amis, rendu incapable de marcher depuis une vingtaine d'années à la suite d'un accident. Je compris que depuis que celui-ci avait découvert l'existence de Sathya Saï Baba, il avait placé toute sa foi en lui et entrepris une profonde démarche intérieure. Ce voyage représentait la concrétisation de son rêve et il se montrait persuadé que le Maître indien, connu entre autres pour ses guérisons miraculeuses, était seul capable de lui rendre l'usage de ses jambes. D'ailleurs, la vie ne lui donnait-elle pas déjà un peu raison, commenta l'un de ses amis ? En effet, d'emblée il se trouvait au premier rang de la foule, devant sans doute plus de dix mille personnes, dans un endroit où Saï Baba ne manquerait pas de le remarquer.

Vint enfin l'heure précise du darshan... Une musique douce se fit entendre sur le terre-plein du temple et la silhouette tant attendue fit son apparition, toute d'orangé vêtue. Étant quelque peu au courant de l'histoire de l'homme en chaise roulante, j'avoue m'être soucié de ce qui se passerait éventuellement pour lui lorsque le Maître de sagesse l'approcherait... Une curiosité somme toute assez naturelle et mêlée de compassion.

Seulement voilà, il ne se passa rien. Rien du tout ! Saï Baba ne jeta pas même un coup d'oeil dans la direction de celui qui l'attendait tant et qui lui vouait visiblement une incroyable dévotion. Sa longue robe couleur de soleil frôla la chaise roulante mais strictement rien de plus. C'était l'ignorance complète.

Au milieu de la mêlée silencieuse qui suivit la fin du darshan, je remarquai un petit attroupement au pied d'un palmier. C'était l'homme à la chaise roulante qui le provoquait. Entouré de trois ou quatre de ses amis, il se montrait en proie à une violente crise de désespoir. Il n'était plus que larmes et cris de douleur à peine contenus. De toute évidence, il vivait une profonde révolte. En fait, il s'agissait même d'une colère. C'est en tout cas ce que je devinai et qui me fut confirmé dès le lendemain après m'être informé de son état auprès de ses amis. L'homme était bel et bien révolté, désespéré, furieux aussi d'avoir été ignoré à ce point. Lui qui avait parcouru tout ce chemin, dans son état, lui qui était un modèle de dévotion, comment avait-il pu être l'objet de tant de mépris de la part de Saï Baba ? Il jurait qu'on l'avait bien trompé sur la personne et qu'il n'irait plus au darshan puisque toute l'étendue de sa foi et de son amour ne lui avaient pas valu ne fût-ce qu'un regard.

Deux jours plus tard, malgré tout, j'aperçus à nouveau la chaise roulante et son occupant en bordure d'une allée, face au temple, durant le darshan. Sathya Saï Baba se mit à circuler lentement face à la foule comme à son habitude. Il arriva enfin à proximité de l'homme handicapé qui paraissait abattu sur son siège, il le dépassa toujours sans le considérer puis se retourna brusquement dans sa direction en le pointant du doigt. C'est alors que nous entendîmes une parole très brève et un peu rauque sortir de sa gorge. D'une façon très autoritaire, Saï Baba venait de lui ordonner, en télugu[1] : « Lève-toi ! »

L'incroyable fut de voir, dans les dix secondes qui suivirent, l'homme privé de ses jambes se lever effectivement et accomplir quelques pas vers lui. Une incroyable clameur, on s'en doute, monta aussitôt de la foule tandis que déjà, discrètement, la silhouette à la robe orangée gravissait les quelques marches du temple pour s'éloigner...

Qu'y avait-il à comprendre de tout cela ? Une quantité de choses, bien entendu. Cependant ce n'est sans doute qu'avec le recul que je puis, aujourd'hui, mieux en mesurer l'ampleur.

Il y avait d'abord la guérison, stupéfiante en elle-même, avec toutes les lois subtiles qu'elle avait mises en oeuvre mais aussi le chemin que celle-ci avait emprunté, l'itinéraire étrange décidé par Saï Baba.

Tout s'est passé comme s'il avait été capital que la guérison prenne son point d'appui sur une émotion violente, une colère même, se transformant après une crise de deux jours en un état d'abandon total des résistances. Il avait fallu le bon moment, ce jour-là et pas un autre, et l'exact état de conscience, c'est-à-dire la brèche précise dans l'âme, semblable alors à une porte ouverte...

---

[1] Télugu : langue de cette région du sud de l'Inde.

Aujourd'hui, en songeant à cet événement riche d'enseignements, je me dis que, d'une certaine façon, toutes les souffrances et les maladies qui prennent leur origine profondément et parfois loin en nous guérissent de cette façon même si, beaucoup s'en faut, elles ne sont pas aussi spectaculaires. En réalité, si nous sommes attentifs à la trame d'une vie, nous pouvons souvent constater à quel point elles demandent à ce qu'une coquille soit brisée.

Je crois que nos vraies maladies racontent toutes l'histoire d'une éclosion qui a besoin de se faire et à laquelle nous résistons, l'histoire d'un germe qui cherche à percer la carapace de sa graine. La confection, puis l'enracinement d'une souffrance viennent toujours d'une résistance à la métamorphose. Voilà pourquoi c'est dans l'écroulement de nos barrières que se situe l'amorce des solutions.

En vérité, ces barrières intérieures ressemblent moins souvent à des remparts de protection qu'à des mineurs qui accomplissent un patient travail de sape au niveau de notre équilibre.

Le choc d'un souvenir reconnu comme tel, le spectacle d'une partie de notre être qui s'effrite parce que bâtie sur du sable, l'abandon d'un masque, une crispation qui se relâche, *tout* est rendez-vous, même si cela ne passe pas par la rencontre avec un grand être.

L'une des difficultés majeures que nous rencontrons souvent est peut-être de vouloir constamment précipiter l'heure de chacun de ces rendez-vous. Le jour où nous comprendrons jusque dans la chair de notre âme que le but à atteindre se situe au coeur même du chemin à parcourir... et dans la façon dont on le parcourt, eh bien nous aurons accompli un grand, grand pas.

164

Nous serons alors réconciliés avec le temps et ses méandres, avec nos bagages auxquels nous ajoutons souvent des poids si inutiles, enfin avec nous-mêmes.

Et je ne doute pas un instant que ce soit dans un véritable élan de simplicité que nous puissions tous trouver la force, la fermeté et la tendresse suffisantes pour nous adresser à nous-mêmes ces paroles : "Lève-toi et marche".

Annexe

On sait très bien depuis de nombreuses décennies que l'oeil humain ne peut saisir toutes les réalités de notre monde. Au-delà de ce qu'il parvient à cerner quotidiennement, n'y a-t-il d'ailleurs pas déjà les rayons X et les infrarouges ?

Il existe un certain type de regard, posé sur les choses et les êtres, un regard sollicitant l'interaction de la glande pinéale et de l'hypophyse qui permet à quelques-uns d'entre nous de voir plus loin encore que ces rayonnements.

Dans des conditions de luminosité spécifiques, celui-ci autorise l'accès à ce que l'on appelle globalement l'aura. Tout ce qui existe est doté d'une aura. Cependant, c'est certainement l'aura humaine qui demeure la plus passionnante à découvrir puis à analyser car elle représente un univers à elle seule, constamment en mouvement, en métamorphose.

En réalité, cette aura est constituée d'un certain nombre de couches ou de strates lumineuses qui témoignent toutes d'une réalité différente. Chacune de celles-ci traduit une dimension de l'être. C'est de leur étude précise, d'abord séparée, puis dans les influences qu'elles exercent les unes sur les autres, que peut naître une nouvelle façon d'aborder la santé. L'ensemble des auras qui entourent un corps joue, en effet, le rôle d'un témoin fidèle de l'équilibre de ce dernier tant physique que psychologique, au sens le plus général du terme.

À titre d'information sommaire ou de rappel, voici quels sont les principaux types de rayonnement qu'il est possible d'étudier autour d'un corps humain.

1) **L'aura éthérique** - On l'appelle aussi aura de vitalité car elle est précisément le reflet direct de la force vitale d'un individu. Elle s'étend généralement sur une zone de cinq à six centimètres autour du corps dont elle épouse fidèlement le contour. On peut la comparer à une brume d'un blanc bleuté faisant songer à la fumée d'une cigarette. Un certain nombre de phénomènes se manifestent à sa surface, tous traducteurs de l'état de santé strictement physique de l'organisme. C'est au coeur de cette émanation lumineuse qu'il est le plus aisé de percevoir les nadis, sortes de veines subtiles véhiculant l'énergie vitale et que l'on pourrait rapprocher des méridiens de l'acupuncture.

2) **L'aura émotionnelle** - On y fait parfois référence aussi sous l'appellation aura astrale. C'est sans doute la plus remarquable de nos auras par la diversité des manifestations colorées que l'on peut y lire. Perpétuellement en mouvement, elle révèle toutes les nuances de notre univers affectif et émotionnel. Les joies, les peines, les mensonges, les colères, les espoirs, les élans, bref tout ce qui constitue la réalité intérieure d'un être humain avec les signes distinctifs de son tempérament, tout cela s'y inscrit en continuité. On y trouve donc une source d'informations considérable permettant de remonter à l'origine de nom-

breuses maladies ou de faiblesses de l'organisme. Sa radiation s'étend jusqu'à environ quatre-vingts centimètres du corps physique dont elle épouse à peu près la forme.

3) **L'aura mentale** - *Comme son nom l'indique clairement, elle traduit notre activité cérébrale, la nature de nos pensées, de nos préoccupations, de nos idées fixes s'il s'en trouve, de nos kystes mentaux également, véritables potentiels énergétiques nés de nos attitudes ou comportements erronés. C'est à sa surface que se détectent ce que l'on appelle les* formes-pensées. *Son étude est capitale tout autant que celle de l'aura émotionnelle car les germes de certains troubles de la santé déjà manifestés ou en devenir y sont souvent repérables sous forme de traces lumineuses bien particulières. Son rayonnement, généralement d'un jaune électrique, est la plupart du temps visible jusqu'à un mètre quatre-vingts du corps.*

4) **L'aura causale** - *C'est elle qui constitue la matière de cet ouvrage. C'est notre* banque de données *centrale, l'émanation de la mémoire profonde qui nous suit de vie en vie et qui nous conditionne parfois.*

L'ensemble de ces quatre auras constitue l'oeuf aurique *de base de toute personne adulte. C'est donc lui, dans sa structure générale, dans son fonctionnement et dans ses détails que l'on prend en ligne de compte pour une lecture d'aura complète.*

Il ne faudra cependant pas croire que le rayonnement subtil possible de l'être humain s'arrête là. Il existe en nous d'autres dimensions, d'autres espaces de conscience et de vie, donc d'autres auras en devenir. On ne les trouve, hélas, exprimées sur Terre que chez de très rares personnes ayant atteint cette forme de maîtrise incontestable qui en fait plus que des sages... des êtres réalisés c'est-à-dire, en définitive, de véritables humains.

Pour des informations détaillées par rapport à la structure énergétique du corps humain ainsi qu'à la perception des auras, vous pouvez vous référer aux deux ouvrages suivants : **Les robes de lumière** de A. et D. Meurois-Givaudan et **Lecture d'auras et soins esséniens** de A. Meurois-Givaudan.

Table des matières

LE GRAND LIVRE DES THÉRAPIES ESSÉNIENNES ET ÉGYPTIENNES

par Daniel Meurois et Marie Johanne Croteau
Éditions Le Passe-Monde

Les Esséniens, tout comme les anciens Égyptiens, étaient passés maîtres dans l'art des thérapies énergétiques.

Après avoir été occultées pendant plusieurs millénaires, leurs connaissances refont aujourd'hui surface avec force comme pour répondre a un besoin profond de notre société, celui de retrouver certaines racines et dimensions…

Ce livre, qui représente la quintessence de très nombreuses années de recherches et de pratiques, met aujourd'hui à la disposition du public l'ensemble le plus complet qui soit de leurs techniques et de leurs perceptions de l'anatomie subtile de l'être humain.

Ses auteurs, Daniel Meurois et son épouse Marie Johanne Croteau, l'ont voulu particulièrement bien illustré, clair, précis et enseignant.

Tous ceux qui s'intéressent à la santé et à l'équilibre harmonieux de l'être en apprécieront le côté passionnant et formateur tant au niveau des horizons qu'il ouvre que par son côté concret et la philosophie réconciliatrice qui s'en dégage.

Quant aux thérapeutes et aux étudiants en thérapies énergétiques, ils le découvriront comme un manuel pratique d'utilisation et très riche en techniques de travail et éléments novateurs susceptibles de nourrir leur pratique.

Par son approche des archétypes et des symboles touchant aux dimensions corporelles, subtiles, psychologiques et spirituelles de l'être, par ses données mêlant développement intérieur et santé globale de l'organisme, ce livre propose ainsi à chacun de nouvelles portes de croissance et d'harmonie.

Au-delà de son côté concret, il accorde bien sûr, dans l'esprit des Esséniens et des anciens Égyptiens, une large place à l'aspect sacré de "l'Onde du Soin".

Plus que jamais, le simple lecteur comme le praticien sera amené ici à mieux comprendre le merveilleux lien unissant l'être humain – corps, âme et esprit – à la Force de Vie universelle, le Divin englobant toute chose.

"Le Grand livre des thérapies esséniennes et égyptiennes" est d'ores et déjà incontestablement un ouvrage de référence…

L'ouvrage de référence…
256 pages abondamment illustrées.

MARQUIS

Québec, Canada